Betriebswirtschaft

Von Michael Kurth, Holger Hillenbrand
und Christian Ziegler

Deutscher
Taschenbuch
Verlag

dtv

Originalausgabe
September 1995
Deutscher Taschenbuch Verlag GmbH & Co. KG,
München

Umschlaggestaltung: Fuhr & Wolf Design-Agentur,
Frankfurt a. M.
Satz: Design-Typo-Print, Ismaning
Druck und Bindung: C. H. Beck'sche Buchdruckerei,
Nördlingen
Printed in Germany · ISBN 3-423-41001-9

Studienführer im dtv
Herausgegeben von Christof Gramm

Universitäten und Fachhochschulen sind heute keine Idylle mehr. Bei rund 1,9 Millionen Menschen auf ungefähr halb soviel Studienplätzen hat das Hochschulstudium zwangsläufig den Charakter des Massenstudiums. Eine intensive und individuelle Betreuung kann es unter diesen Umständen nur im Ausnahmefall geben. Es ist nicht ganz leicht, sich in dieser Welt zurechtzufinden und das Ziel eines erfolgreichen Studienabschlusses in angemessener Zeit zu erreichen.

Die Studienführer im dtv möchten Ihnen helfen, trotzdem effektiv und erfolgreich zu studieren:

- Sie vermitteln Ihnen für die Wahl Ihres Studienganges ein möglichst realitätsnahes Bild von Studienverlauf und Berufsmöglichkeiten. Sie sollen zunächst eine klare Vorstellung gewinnen und dann entscheiden. Schließlich stellt die Studienwahl in den meisten Fällen den entscheidenden Schritt für die Berufswahl dar – und damit für die nächsten 40 Jahre Ihres Lebens.
- Sie bieten Ihnen Übungen, Tests und Anregungen, mit denen Sie Ihre Urteilskraft trainieren und Ihre eigene Motivation durchleuchten können. Prüfen Sie nicht nur das Fach, sondern auch sich selbst!
- Sie enthalten praktische Tips zu den einzelnen Schritten des Studienverlaufs, Hinweise auf Arbeits- und Lernmethoden sowie zahlreiche weitere konkrete Informationen und Adressen zu Aufbau, Finanzierung, Organisation und Abschluß eines erfolgreichen Studiums.

Nehmen Sie Ihr Studienschicksal entschlossen und kritisch in die Hand. Die Hochschulbildung gehört bei allen offensichtlichen Unzulänglichkeiten zum Kostbarsten, was unsere Gesellschaft anzubieten hat. Wir möchten dazu beitragen, daß Sie diese Chance sinnvoll nutzen können.

Studienführer im dtv:

Betriebswirtschaft (41001)
Grüne Studiengänge (41004)
Humanmedizin (41003)
Informatik (41005)
Jura (41000)

Inhalt

Zu Begriffen, die im Text mit einem * markiert sind, finden sich im Lexikon Anhang S. 178 ff. kurze Erläuterungen.

Vorwort

Zuerst ist die Idee vorhanden, dann stellen sich die Fragen, und am Ende ist eine Entscheidung individuell zu treffen. Wer die Idee hat, einen wirtschaftswissenschaftlichen Studiengang, speziell den Diplomstudiengang Betriebswirtschaftslehre an Universitäten, zu studieren, der wird hier Antworten auf viele Fragen finden.

Dieser Studienführer unternimmt erstmalig den Versuch, die Fach- und Studieninhalte nicht nur zu beschreiben, sondern auch konkrete Inhalte aus der Praxis des Grundstudiums zu vermitteln und Aufgaben zur selbständigen Arbeit zu stellen. Jeder hat so die Möglichkeit, die Studienfächer und die Anforderungen unmittelbar kennenzulernen. Zu diesem Zweck sind für jedes Fachgebiet im Grundstudium vereinfachte und didaktisch sinnvoll aufgebaute Klausuraufgaben gestellt. Selbstverständlich sind auch die Lösungen mitgeliefert. Jene, die nicht sofort auf die richtige Lösung kommen, sollten nicht sofort an ihrer Eignung und Begabung für das Betriebswirtschaftsstudium zweifeln. Wer die Neugier und Ausdauer mitbringt, die Aufgaben zu bearbeiten, der erfüllt zumindest diese wichtigen persönlichen Voraussetzungen für das Studium. Die *Ziffer 2* widmet sich ausführlich diesem Bereich.

Speziell für Studierende, die bereits einen wirtschaftswissenschaftlichen Studiengang an einer Universität studieren, werden in *Ziffer 3* die Strukturen des Grundstudiums an über 40 Fachbereichen oder Fakultäten analysiert. Die Auswertung der Prüfungsordnungen, Studienordnungen und Informationsschriften erlaubt bei einem Studienortwechsel oder auch einem Fachrichtungswechsel eine detaillierte Information über die Anrechenbarkeit von Studien- und Prüfungsleistungen. Eine kurze Beschreibung des Hauptstudiums schließt sich in *Ziffer 4* an.

Für Studieninteressierte steht am Anfang das Interesse an einem Studiengang. Entscheidungen für ein Studium oder einen anderen Ausbildungsweg, die Wahl zwischen dem Studium an einer Universität oder einer Fachhochschule sowie die Wahl des Studienorts sollten aber gerade nicht dem Zufall überlassen bleiben.

Dieser Studienführer bietet daher nicht nur eine komprimierte Information über die Fächer der Betriebswirtschaftslehre. Für alle Studieninteressierten ebenso wichtig ist eine individuelle Strategie der Studienfachwahl. Bei der Vielfalt der Informationen, Meinungen, Trends und Prognosen geht leicht die Übersicht verloren. Auch hier stehen wieder konkrete Anregungen für eine individuelle Strategie im Vordergrund. Diese Anregungen und Entscheidungsschritte sind in *Ziffer 5* dargestellt.

Bevor das eigentliche Studium beginnt, ist jeder Studieninteressent mit Verfahren der Bewerbung, Zulassung zum Studium, der Immatrikulation an seiner Universität sowie der ersten Planung des Studienverlaufs beschäftigt. Besonders wertvoll kann hier das Lexikon über die wichtigsten Begriffe der Fachsprache für Studienbewerber und Studienanfänger sein. Diese Materialien finden sich in *Ziffer 6* sowie im Anhang I.

Über die Studiendauer, die in der Betriebswirtschaft bei rund elf bis zwölf Semestern liegt, sollte sich jeder Studienanfäger Gedanken machen. Wer das Ziel hat, sein Studium in möglichst knapp bemessener Zeit zum Abschluß zu bringen, kann bereits vor dem Studium einiges dafür tun. Hierzu einige Anmerkungen in *Ziffer 7.*

- Was ist der Unterschied zwischen dem Studium an einer Fachhochschule und einer Universität?
- Wie sieht es mit einer Promotion nach Abschluß der Fachhochschule aus?

Dieser Studienführer beschäftigt sich in erster Linie mit dem Studium an Universitäten. Speziell in der Betriebswirtschaft bieten die Fachhochschulen jedoch eine attraktive Alternative zu einem wissenschaftlichen Studium. *Ziffer 8* beschäftigt sich nicht nur mit den unterschiedlichen Konzepten der Ausbildung, sondern nimmt auch ausführlich zu der aktuellen Diskussion über die Promotion von Fachhochschulabsolventen an Universitäten Stellung.

- Was kann ich bereits vor Studienbeginn tun, um meine Lerntechnik zu verbessern?
- Wie ist die Situation von Frauen in Hochschulen und Studium?

- Wo kann ich mich über die verschiedenen Hochschulorte informieren?

Da der vorliegende Studienführer diese Fragen nur streifen kann, erschließt ein ausführliches Verzeichnis mit Literaturangaben im Anhang weitere Informationsquellen. Für alle Universitäten, die Studienplätze in Diplombetriebswirtschaftslehre über das zentrale Vergabeverfahren der Zentralstelle für die Vergabe von Studienplätzen (ZVS) anbieten, ist unter *Ziffer 3* eine schematische Darstellung der Universitäten beigefügt, die neben wichtigen Ansprechpartnern einige statistische Eckdaten darstellt, z.B. die Studiendauer an verschiedenen Universitäten im Vergleich.

Michael Kurth
Holger Hillenbrand
Christian Ziegler

im September 1995

1. Übersicht über den Studiengang der Betriebswirtschaftslehre

Überblick und Definition

Für eine zusammenfassende Begriffsbestimmung bieten sich drei Zitate an:

»Gegenstand der Betriebswirtschaftslehre ist die

- Erklärung der Bedeutung von selbständigen, privatwirtschaftlichen und öffentlichen Betrieben (Unternehmen) in der arbeitsteiligen Gesellschaft,
- Erklärung der Entwicklung von Unternehmen, der Bedingungen für Erfolg und Mißerfolg von Unternehmen aus den innerbetrieblichen Zusammenhängen und den Verflechtungen mit dem Umfeld der Unternehmen (Märkte, Staat, Ausland),
- Gestaltung der Vorgänge im Unternehmen und ihre Steuerung auf ein oder mehrere Ziele.«
  (Finkenstaedt/Heldmann (Hrsg.): Studierfähigkeit konkret, Bad Honnef 1989)

»Die Betriebswirtschaftslehre untersucht und erklärt die Bedingungen und Funktionen von Betrieben und Unternehmen der Gütererzeugung, des Handels und der Kreditwirtschaft, der öffentlichen Wirtschaft und des Versicherungswesens. Dabei werden die für einen Betrieb wichtigen Größen (Betriebsmittel, Arbeitsabläufe, Rohstoffbeschaffung, Verkauf) erfaßt und ihre wesentlichen Abhängigkeiten unter dem Gesichtspunkt der Wirtschaftlichkeit bestimmt.«
(Bund-Länder-Kommission für Bildungsplanung und Forschungsförderung und Bundesanstalt für Arbeit (Hrsg.): Studien- und Berufswahl 1994/95, Bad Honnef 1994)

»Die Betriebswirtschaftslehre untersucht und erklärt die wirtschaftlichen Bedingungen und Funktionen von Institutionen und Organisationen, vorwiegend der Gütererzeugung und der Dienstleistungen, z. B. des Handels und der Kreditwirtschaft, des Verkehrs, der öffentlichen Wirtschaft und des Versicherungswesens.«

(Erläuterungen zum Entwurf der Rahmenordnung für die Diplomprüfung im Studiengang Betriebswirtschaftslehre an Universitäten und gleichgestellten Hochschulen, 1993)

Wie häufig bei Definitionen dieser Art entsteht der Eindruck eines umfassenden, sehr abstrakten und in sich abgeschlossenen Wissenschaftsgebietes. Im Studium präsentiert sich die Betriebswirtschaftslehre dagegen als eine angewandte Wissenschaft mit zahlreichen Bezügen zu Nachbardisziplinen, wie der Rechtswissenschaft, Psychologie, Soziologie, Informatik, Technik und immer häufiger auch zu umweltbezogenen Fächern.

Unmittelbar benachbart ist der Studiengang Volkswirtschaftslehre: »Die Volkswirtschaftslehre untersucht und erklärt die Wechselwirkungen, die sich aus den wirtschaftlichen Funktionen und Beziehungen von Unternehmen, privaten Haushalten und Staat innerhalb eines größeren Wirtschafts- und Währungsraumes, meist eines Landes oder auch übernationalen Wirtschaftsräumen, ergeben.« (Studien- und Berufswahl 1994/95.)

An zahlreichen Universitäten werden sowohl der Studiengang Betriebswirtschaftslehre als auch der Studiengang Volkswirtschaftslehre angeboten. Ein Blick in die Studienpläne/Studienordnungen* und das Vorlesungsverzeichnis* zeigt, daß beide Studiengänge eng miteinander verknüpft sind. In vielen Fällen ist das Grundstudium weitgehend identisch. Hier ist ein wichtiges Konstruktionsprinzip des Studienangebots an Universitäten hervorzuheben. Studiengänge sind ähnlich wie ein Baukastensystem – aber nach einem bestimmten Bauplan – zusammengesetzt. Zu diesem Zweck studiert jeder Student nicht nur sein Kernfach, sondern er begegnet in den Veranstaltungen der Nachbardisziplinen Studierenden anderer Studiengänge. Hier liegt der spezielle Reiz einer universitären Ausbildung.

Zu den wirtschaftswissenschaftlichen Studiengängen zählt auch die Wirtschaftspädagogik. Dieser Studiengang mit Abschluß Diplom – Handelslehrer oder Wirtschaftspädagoge bereitet auf die Tätigkeit als Lehrer an beruflichen oder allgemeinbildenden Schulen vor. Neben den wirtschaftswissenschaftlichen Kenntnissen können im Rahmen des Studiums der Wirtschaftspädagogik auch andere allgemeinbildende Fächer studiert werden; je nach Studienangebot der Universitäten gehören alle bekannten Schulfächer dazu. Im Gegensatz zu den Lehramtsabschlüssen mit Staatsexamen besteht für Wirtschaftspädagogen durchaus die Möglichkeit, auch außerhalb des Staatsdienstes beruflich tätig zu werden.

An mehreren Universitäten, speziell an den Universitäten und Gesamthochschulen in Nordrhein-Westfalen, werden die Studiengänge Betriebswirtschaftslehre, Volkswirtschaftslehre und Wirtschaftspädagogik mit der gemeinsamen Abschlußbezeichnung Wirtschaftswissenschaften/Ökonomie angeboten.

Studiengänge befanden und befinden sich beständig in einem Wandel. Speziell in den Wirtschaftswissenschaften sind neben den traditionellen Zweigen Betriebswirtschaftslehre und Volkswirtschaftslehre kombinierte Studiengänge entstanden. Gemäß dem Baukastensystem wurden an den Universitäten weitere wirtschaftswissenschaftliche Studiengänge entwickelt. Dazu zählen Studiengänge wie

- Wirtschaftsinformatik
- Wirtschaftsingenieurwesen
- Wirtschaftsmathematik.

Speziell am Beispiel des erst Anfang der 80er entwickelten Studiengangs Wirtschaftsinformatik zeigt sich, daß die Universitäten auf Entwicklungen der Fächer und Anforderungen aus der Praxis reagieren. Mit der Entwicklung der Informatik und dem Einsatz der Datenverarbeitung entstand der Bedarf nach einem Studiengang, der Fähigkeiten und Methoden vermittelt, um die Informatik zur Lösung betriebswirtschaftlicher Probleme zu verwenden und weiter zu entwikkeln. Ferner sollten betriebswirtschaftliche Fragestellungen so aufgearbeitet werden, daß sie für gestiegene Einsatzmöglichkeiten der Datenverarbeitung vorbereitet werden. In der Praxis ist der Studiengang Wirtschaftsinformatik wiederum nach dem Baukastensystem entwickelt worden. Erneut finden sich hier Elemente aus benachbarten Studiengängen. Die Fächer sind in erster Linie Mathematik, Informatik, Statistik und natürlich Betriebswirtschaftslehre. Das Beispiel der Wirtschaftsinformatik soll darauf aufmerksam machen, daß neue Studiengänge, die aus Wurzeln der Betriebswirtschaftslehre entwickelt werden, mit in die Wahl des Studienfaches einbezogen werden sollten.

Für die Studienfachwahl innerhalb der Wirtschaftswissenschaften ist es zu empfehlen, die Struktur der wirtschaftswissenschaftlichen Studiengänge, die insbesondere an Fachhochschulen eine breite Palette unterschiedlicher Bezeichnungen haben, genau zu untersuchen – seien es Studiengänge wie Touristik, europäische Betriebswirtschaftslehre, Wirtschaftskommunikation oder öffentliches Dienstleistungsmanagement. Hier sind kritische Fragen zu stellen:

- Was ist das spezielle Profil des Studiengangs?
- Ist eine Spezialisierung tatsächlich für eine spätere Tätigkeit in diesem oder jenem Arbeitsfeld nötig, oder kann eine zu starke Spezialisierung sogar hinderlich sein?
- Ist nicht auch die Bezeichnung des Studiengangs bereits ein geschickt gewähltes Marketing, Instrument der jeweiligen Hochschule?

Diese kurze Darstellung sollte zeigen, daß neben der Betriebswirtschaftslehre noch andere Studiengänge in den Wirtschaftswissenschaften angeboten werden. Wer sich auf den ersten Blick zum Beispiel nicht zwischen Betriebswirtschaftslehre und Wirtschaftsinformatik entscheiden kann, der sollte noch einmal genau vergleichen, welche Schwerpunkte, Wahlgebiete oder Nebenfächer er in dem jeweiligen Studiengang wählen kann. In der Praxis können mit einer spezifischen Ausrichtung des Studienganges die eigenen Interessen durchaus verfolgt werden.

Für jene Studienanfänger, die innerhalb der Wirtschaftswissenschaften nach wenigen Semestern wechseln, besteht die gute Chance, daß ihnen Leistungen gegenseitig angerechnet werden können. Dieser Hinweis sollte aber nicht dazu verleiten, das Studienfach erst einmal auf gut Glück oder auf Grund günstiger Zulassungschancen zu wählen.

Studienaufbau und Abschlüsse

Das Studium der Betriebswirtschaftslehre hat eine Regelstudienzeit* von neun Semestern und eine Höchstförderungsdauer von ebenfalls neun Semestern. In der Regel sehen die Studienpläne vor, daß nach vier Semestern eine Zwischenprüfung (Vordiplom) abgelegt wird.

Damit ist das Grundstudium abgeschlossen. Die weiteren Semester werden vom Hauptstudium, der Anfertigung der Diplomarbeit und der Abschlußprüfung in Anspruch genommen. (Zur Diskussion über die Studienzeiten vgl. Kapitel 7). Mit dem erfolgreichen Abschluß des Studiums der Betriebswirtschaftslehre wird der Titel Diplom-Kaufmann – auf Wunsch auch der Abschluß Diplom-Kauffrau – verliehen.

In der Betriebswirtschaft wird an einigen Fakultäten und Fachbereichen auch der Abschluß Magister Artium angeboten. Dieser Abschluß wird überwiegend in den sprach- und kulturwissenschaftlichen Fächern angeboten. Magisterstudiengänge erlauben das Studium in mehreren Fächern parallel. In der Regel können zwei Hauptfächer oder ein Hauptfach und zwei Nebenfächer miteinander kombiniert werden. Für die Fächerkombinationen bestehen Einschränkungen. Studierende schließen nur in seltenen Fällen mit einem Magister in Betriebswirtschaftslehre in Kombination mit anderen Fächern ab. Der Magisterabschluß ist in der Wirtschaft kaum bekannt – daher auch seine geringe Akzeptanz. Studieninteressierte, die eigentlich Kunstgeschichte und Islamwissenschaft studieren möchten, aber auf Druck der vermeintlich oder tatsächlich schlechten Berufsaussichten noch ein anwendungsbezogenes Fach zusätzlich wählen, sollten dies bedenken. Hat die Betriebswirtschaftslehre hier nicht nur Alibifunktion, sei es gegenüber den Eltern oder den eigenen beruflichen Zukunftsängsten?

Das Grundstudium, das innerhalb der ersten vier Semester die allgemeinen Grundlagen vermittelt, wird mit einer Prüfung abgeschlossen. Diese Prüfung kann als einheitlicher Prüfungsblock oder als studienbegleitende Prüfung organisiert sein. Die in der Betriebswirtschaftslehre an den Universitäten überwiegend studienbegleitende Form sieht in der Praxis so aus, daß zum Abschluß des Semesters, jeweils im Anschluß an die entsprechenden Veranstaltungen, Prüfungen abgelegt werden. Hat der Student oder die Studentin alle Prüfungselemente abgeschlossen, wird das Vordiplomszeugnis ausgestellt.

2. Anforderungen und Inhalte im Grundstudium

Das Studium der Betriebswirtschaftslehre umfaßt während des Grundstudiums in der Regel verschiedene Fächer. Nachfolgend diejenigen Fächer, die direkt das Fach Betriebswirtschaftslehre betreffen (die Bezeichnungen der Studienfächer können von Hochschule zu Hochschule differieren):

- Absatzwirtschaft
- Internes und Externes Rechnungswesen (Buchführung und Kostenrechnung, Bilanz, Jahresabschluß und Anhang)
- Investitions- und Finanzwirtschaft
- Produktionswirtschaft
- Unternehmenspolitik.

Daneben umfaßt das Studium der Betriebswirtschaftslehre Fächer, die diesem zwar nicht direkt zuzuordnen sind, deren Kenntnisse jedoch für einen Betriebswirt unbedingt notwendig sind:

- EDV
- Mathematik
- Recht
- Statistik
- Volkswirtschaftslehre

Die Kenntnisse, die den Studenten der Betriebswirtschaftslehre in diesen Disziplinen vermittelt werden, sind so abgestimmt, daß in der Regel eine Einführung in die Thematik vorgesehen ist, und im Anschluß daran eine auf Betriebswirte abgestimmte fachliche Vertiefung erfolgt.

Damit jedoch noch nicht genug. Die Anforderungen an Diplomkaufleute sind heute so umfassend, daß weit mehr Qualifikationen nötig sind, die zumeist fakultativ oder als sogenanntes Wahlpflichtfach (der Student hat hier aus einem vorgegebenen Fächerpool eine Auswahl zu treffen) angeboten werden.

Dazu zählen Disziplinen wie zum Beispiel:

- Arbeitsrecht
- Informatik

- Mathematik
- Politische Wissenschaften
- Psychologie
- Sozialrecht
- Soziologie
- Staatsrecht
- Statistik
- Technologie
- Verwaltungsrecht
- Wirtschafts- und Sozialgeschichte

und viele andere mehr. Hier kann aus Platzgründen nur eine kleine Auswahl vorgestellt werden.

Das Angebot an zusätzlichen Qualifikationsmöglichkeiten hängt in der Regel davon ab, welche zusätzlichen Angebote die jeweiligen Universitäten in ihrem Lehrprogramm bieten, bzw. inwieweit die Studenten Eigeninitiative zeigen. Hier sei speziell auf Volkshochschulen und andere fort- und weiterbildende Institutionen hingewiesen.

Im weiteren folgt jetzt zu jedem der oben für den Studiengang BWL genannten Fächer eine kurze Einführung. Danach wird eine für das jeweilige Fach typische Thematik angesprochen. Dies soll dem Interessenten die Möglichkeit bieten festzustellen, ob er sich mit dem Studiengang Betriebswirtschaftslehre identifizieren kann. Anschließend haben wir den Versuch unternommen, eine Klausuraufgabe zu erstellen, wie sie in einer Vordiplomsprüfung vorkommen könnte. Dem interessierten Leser bietet sich also nach der Lektüre der Einführung die Möglichkeit der Selbstkontrolle. Es ist ratsam, die Musterlösung erst nach Bearbeitung der Klausurfrage zu Kontrollzwecken heranzuziehen.

2.1 Absatzwirtschaft/Marketing

Marketing: Gestelzte Bezeichnung für systematisch gesammelte Vertriebskenntnisse, die vor 2000 Jahren schon jede bessere Marktfrau beherrschte. Ron Kritzfeld

Überblick über die Thematik

Absatzwirtschaft/Marketing im Grundstudium umfaßt:

Marketing als Führungskonzeption von Unternehmen

Ursprünglich verstand man unter dem Begriff »Marketing« nichts anderes als den Absatz von Waren und Dienstleistungen, für die ein ausreichend großer Absatzmarkt zur Verfügung stand. Hauptsächliches Problem der Hersteller war die reine Verteilung (Distribution), d.h. wie die produzierte Ware am schnellsten und einfachsten zum Abnehmer gebracht werden kann. Im Laufe der 60er Jahre, spätestens jedoch zu Beginn der 70er Jahre, hat sich das Verständnis des Marketing dann entscheidend verändert.

Es war plötzlich nicht mehr ausreichend, ein Gut nur zu produzieren und dann für seine Verteilung zu sorgen, sondern man sah sich mit dem Übergang von der Knappheitswirtschaft zur Überflußgesellschaft in zunehmendem Maße genötigt, Märkte systematisch zu bearbeiten und auf die Bedürfnisse der Verbraucher und Abnehmer einzugehen. Der Absatz bereits erstellter Leistungen wurde also zum Engpaßfaktor und rückte immer stärker in den Mittelpunkt unternehmerischen Denkens.

Heute wird der Begriff des Marketing als Ausdruck eines marktorientierten unternehmerischen Denkstils verstanden. Nicht mehr allein die Vertriebs-/Verkaufsabteilung hat sich mit den Problemen des Marketing zu beschäftigen – alle Subsysteme einer Unternehmung, von der Führungsspitze bis zum einfachen Arbeiter, müssen von dieser Denkhaltung durchdrungen sein.

Die Bedürfnisse und Wünsche des Kunden bestimmen, was das Unternehmen produziert. Zuvor müssen Bedürfnisse und Wünsche jedoch erst noch erforscht werden, um herauszufinden, wie diese am besten befriedigt werden können. Das kann dann zur Schaffung neuer Märkte führen, was mit immensen Anstrengungen und hohem Kapitaleinsatz verbunden ist.

Ziele des Marketing

Die Ziele des Marketing sind so vielschichtig und unterschiedlich, daß eine Aufteilung in verschiedene Bereiche vorgenommen werden muß:

- *Marketing in nicht-kommerziellen Institutionen*

Eine genaue Beschreibung der Ziele und Beweggründe des Marketings im nicht-kommerziellen Bereich (z. B. Rundfunk, Fernsehen, Parteien, Kirchen) ist generell nicht möglich.
Es geht oft darum, anfallende Kosten zu decken, vorhandene Kapazitäten auszulasten, Anhänger für eine bestimmte Sache zu finden oder aber Menschen in ihren Nöten (materiell oder seelisch) beizustehen.

- *Social Marketing*

Hier geht es darum, Personen mit einem Produkt bekanntzumachen, das ihre Lebensqualität erhöhen soll bzw. sogar die Lebensdauer verlängern kann. Beispielsweise sind die Verbesserung der Lebensverhältnisse in Entwicklungsländern zu nennen. Die Menschen dort sollen verstehen, daß es für sie von Vorteil ist, sanitäre Einrichtungen zu erstellen und zu benutzen, Wasser vor dem Trinken abzukochen oder Kleinkinder zu stillen anstatt schnell auf teure Fertignahrung umzusteigen.

Auf anderer Ebene versucht man mit Hilfe des Marketings Menschen davon zu überzeugen, ihre herkömmlichen Verhaltensmuster zu ändern und neue Mittel und Wege der Problemlösung auszuprobieren. Hier könnte als Beispiel das wachsende Umweltbewußtsein der bundesdeutschen Bevölkerung genannt werden.

• *Marketing im kommerziellen Bereich*

Marketing im kommerziellen Bereich soll allgemein Hilfestellung geben, damit betriebliche Schwachstellen ermittelt und beseitigt werden können. Es soll somit nicht nur der Engpaß überwunden werden, der im Bereich des Absatzes entstanden ist, sondern es sollen Wachstumspotentiale auf bestehenden oder noch zu erschließenden Märkten ausgemacht und ausgeschöpft werden. Alle Glieder der Wertschöpfungskette (Eingangslogistik, Produktion, Ausgangslogistik, Kundendienst, ...) sind vom Marketing gleichermaßen betroffen. So wird das Marketing bei der Suche nach qualifiziertem Personal genauso in Anspruch genommen wie bei der Entwicklung neuer Produkte und Schaffung neuer Märkte.

Marketinginstrumente

• *Produktpolitik*

Unter »Produkt« versteht man im Marketing ein Instrument zur Befriedigung der Bedürfnisse des Nachfragers. Der Käufer muß ein Bedürfnis haben, das er befriedigt sehen möchte, und – ganz wichtig – es muß ein Produkt käuflich zu erwerben sein, welches genau den Bedürfnissen des Konsumenten entspricht.

Ein Nachfrager wird ein Produkt nach dem Nutzen bewerten, den er durch dieses Gut erfährt. Dabei ist zudem noch das Opfer (die Kosten) zu berücksichtigen, das er für den Erwerb aufbringen muß. Somit stellt der Käufer vor dem Erwerb des Gutes eine Kosten-Nutzen-Analyse an, bei der er alle positiven Effekte, die mit dem Angebot verbunden sind, als Leistung, alle Opfer, die er für den Erwerb aufbringen muß, als Preis begreift. Bei der Beurteilung des Gutes durch den Konsumenten darf nicht nur von der objektiv ersichtlichen äußeren Form des Sachgutes ausgegangen werden, sondern es kommt zusätzlich noch auf den Wahrnehmungsprozeß durch den Nachfrager an.

Warum, so kann man sich beispielsweise fragen, kauft jemand, der ein Transportmittel erwerben möchte, einen Mercedes und nicht einen Golf? Beide Produkte sind ohne Zweifel als Fortbewegungsmittel geeignet. Die beiden Produkte unterscheiden sich jedoch nicht nur durch Form, Größe, Farbe und Leistung: Für den Mercedes-Benz-Kunden verkörpert der Wagen vielleicht sogar ein Stück Lebensqualität, eingebettet in Status, Prestige und Luxus – und vielleicht ist gerade das für ihn ausschlaggebend, dieses Produkt zu erwerben und nicht das andere.

Erst das Zusammenspiel von Wahrnehmung der konkreten Leistung mit der subjektiv erfahrenen Leistung veranlaßt den potentiellen Käufer, das Angebot des Herstellers anzunehmen oder auszuschlagen.

Produktpolitik umfaßt somit alle Aktivitäten, die in einem Zusammenhang mit dem objektiven und subjektiven Wahrnehmungsprozeß des Kunden stehen.

Daneben darf aber auch ein anderer wichtiger Aspekt nicht vernachlässigt werden. Paßt das Produkt, das von unserem Unternehmen neu auf den Markt gebracht werden soll, in das gegenwärtige Sortiment? Gibt es Gründe, die der Einführung eines neuen Produktes entgegenstehen?

Ein Instrument, das die Einordnung der verschiedenen Produkte in das Produktsortiment der Unternehmung erleichtert, ist die klassische Produkt-Portfolio-Matrix (auch Marktwachstums-Marktanteils-Portfolio). Sie bildet eine Synthese aus dem Erfahrungskurvenkonzept (Marktanteil) und dem Produktlebenszyklus (Marktwachstum).

Mit dieser Art der Portfoliodarstellung soll untersucht werden, ob sich das betrachtete Unternehmen in einem finanziellen und zeitlichen Gleichgewicht befindet. Das kann anhand der Verteilung der Produkte des Unternehmens in der Portfolio-Matrix (Seite 21) überprüft werden.

Baby-Produkte: (auch: Question Marks) Für sie ist eine genaue Analyse erforderlich. Ihr relativer Marktanteil ist < 1 und sie haben ein hohes Marktwachstum. Daraus kann geschlossen werden, daß das Unternehmen in diesem Markt nicht der größte Wettbewerber ist. Finanziell ist das Produkt dadurch gekennzeichnet, daß die Kassenabflüsse die Kassenzuflüsse übersteigen. Die Baby-Produkte sollten – falls möglich – im Laufe ihres Lebenszyklus zu Cash-Cow-Produkten gemacht werden. Ist dies möglich, sollte investiert wer-

Graphische Darstellung der Produkt-Portfolio-Matrix:

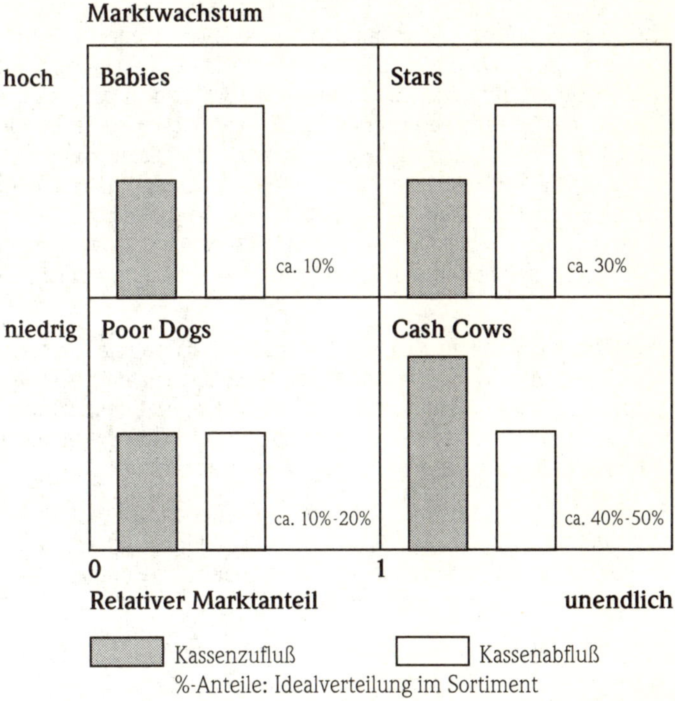

den. Stellt sich heraus, daß das Unternehmen nicht in der Lage ist, die benötigten finanziellen Mittel aufzubringen oder daß das Produkt keine Zukunft hat, besteht für das Unternehmen immer noch die Möglichkeit, das Produkt gewinnbringend abzustoßen. Eine ausreichende Anzahl von Babies bildet die Basis für künftige Stars und sichert dem Unternehmen damit auch in Zukunft innovative Produkte.

Star-Produkte: Der relative Markanteil ist > 1 und das Marktwachstum ist hoch. Daher gilt es, diese Produkte, die schon Marktführer sind, weiter zur Cash-Cow auszubauen. Dazu sind Investitionen nötig, wodurch diese Produkte durch einen höheren Kassenab- als Kassenzufluß gekennzeichnet sind.

Cash-Cow-Produkte: Der relative Marktanteil ist > 1 und ihr Marktwachstum ist niedrig. Das Unternehmen ist in diesem Segment Marktführer. Investitionen sind nur noch soweit zu tätigen, daß der Erfolg des Produkts erhalten bleibt. Es überwiegen eindeutig die Kassenzuflüsse, mit den hier generierten Überschüssen können also die negativen Salden der übrigen Produkte ausgeglichen werden. Zum Beispiel können finanzielle Mittel aus diesem Bereich für Forschung und Entwicklung neuer Produkte verwendet werden, so daß auch in Zukunft genügend innovative Produkte vorhanden sind.

Poor-Dog-Produkte: Ihr relativer Marktanteil ist < 1 und sie haben ein geringes Marktwachstum. Kassenzu- und Kassenabflüsse halten sich die Waage, so daß von diesem Produkt keine Gewinne mehr zu erwarten sind. Diese Produkte sollten unter Beachtung von Verbundeffekten aus dem Produktprogramm eliminiert werden.

Ein vorausschauendes Unternehmen sollte ungefähr 10–20% Poor Dog-, 40–50% Cash Cow-, 30% Star- und mindestens 10% an Baby-Produkten in seinem Portfolio aufweisen, um in einem finanziellen und zeitlichen Gleichgewicht zu bleiben.

Kritik am Marktwachstums-Marktanteils-Portfolio:

Mit diesem Konzept wird versucht, die komplexe Realität mit den beiden Variablen relativer Marktanteil und Marktwachstum abzubilden. Dabei besteht die Gefahr, daß andere wesentliche Einflußfaktoren unberücksichtigt bleiben. Weiter ist der hier unterstellte Zusammenhang zwischen den Kassenzu- und -abflüssen und der Geschäftsfeldposition oft nur sehr gering. Ebenso ungesichert ist die Reliabilität (Meßgenauigkeit) und die Validität (wird auch genau das gemessen, was gemessen werden soll?) der beiden Variablen.

Man erkennt also, daß dieses Portfolio nicht unkritisch angewandt werden darf. Trotz der vielen Schwächen werden aber gerade auf Grund der Einfachheit dieses Konzeptes viele interessante Fragestellungen im Bereich der Strategieentwicklung möglich.

- *Preispolitik*

Da zu Lebzeiten der ersten Ökonomen nicht sehr viele homogene (gleichartige) Güter produziert wurden, und die Produktivität der überwiegend landwirtschaftlichen und handwerklichen Erzeugung gering war, gehen A. Smith und D. Ricardo für diesen Zeitraum von der Annahme aus, daß einzig und allein der Preis der Bestimmungsfaktor war, der die Absatzmenge beeinflußte. Dies bedeutet, daß der Markt im Vergleich zu heute sehr viel übersichtlicher, und somit der Preis entscheidendes Beschaffungsmerkmal war.

Das so entstandene Modell der Preisbildung auf vollkommenen Märkten geht von verschiedenen Annahmen aus. Diese sind:

- homogene Güter, d.h. völlige Substituierbarkeit (Ersetzbarkeit) der Güter
- keine räumliche Ausdehnung des Marktes
- vollkommene Information und unendliche Anpassungsgeschwindigkeit der Marktteilnehmer an die Veränderungen von Mengen und Preisen
- die Marktteilnehmer haben keine Präferenzen bezüglich der Produkte

Auf unseren heutigen modernen Märkten jedoch hat sich die Situation vollkommen verändert. Massenproduktion, Produktvielfalt, Präferenzen der Konsumenten für bestimmte Marken und die Zunahme des verfügbaren Einkommens haben dazu geführt, daß neben dem Preis noch viele andere Produkteigenschaften, wie z.B. Qualität, jederzeitige Verfügbarkeit, Serviceleistungen oder Design des Produktes, relevant und kaufentscheidend wurden.

Das führt uns nun zum Preis-/Leistungsverhältnis als Ausgangspunkt der entgeltpolitischen Überlegung. Unter dem Preis eines Gutes sind somit alle Kosten, Aufwendungen und Anstrengungen zu verstehen, die der Käufer aufwendet, um dieses Gut zu erhalten. Unter Leistung hingegen hat man die Gesamtheit aller Nutzen stiftenden Komponenten eines Gutes zu verstehen.

Mit Hilfe des Konstrukts Preis-/Leistungsverhältnis lassen sich somit auch heterogene, nicht direkt vergleichbare Güter miteinander in

Beziehung setzen, was für eine moderne funktionsfähige Marktwirtschaft unbedingt vonnöten ist.

Distributionspolitik

Innerhalb unserer heutigen Marktwirtschaft treten bei der Verteilung von Gütern und Dienstleistungen dadurch Divergenzen auf, daß in der Regel sowohl der Ort der Produktion nicht mit dem Ort des Konsums, als auch der Zeitpunkt der Produktion nicht mit dem Zeitpunkt des Konsums übereinstimmt. Die Koordination erfordert einen nicht unerheblichen Einsatz von Mitteln, so daß die Kosten dieser Koordination in einigen Fällen bis zu 70% des Endverbraucherpreises ausmachen. Daraus ergibt sich für den Produzenten die Verpflichtung und auch zugleich die Chance, die Distributionsaufgabe optimal oder zumindest besser als die Konkurrenten zu lösen. Die Distributionspolitik muß sich also zunächst mit der Fragestellung befassen, ob ein Produkt direkt, d. h. über einen Direktversand, oder über Groß- und Einzelhandel abgesetzt werden soll. Daneben stellt sich im strategisch-taktischen Bereich zusätzlich auch das Problem der Wahl des optimalen Standorts, der Einrichtung von Zwischenlagern usw.

Die Distributionspolitik befaßt sich jedoch nicht allein mit organisatorischen Komponenten der Verteilung von Gütern und Dienstleistungen, sondern sie ist auch ein willkommenes akquisitorisches Element. Dabei geht es vor allem darum, wie schon bestehende Geschäftskontakte beibehalten, neue Aufträge von »alten« Kunden an Land gezogen und vor allem neue Kunden gefunden und somit neue Aufträge generiert werden können.

Zusammenfassend kann man also sagen, daß die Distributionspolitik alle Belange berührt, die darauf ausgerichtet sind, eine Leistung vom Ort ihrer Entstehung unter Überbrückung von Raum und Zeit an den Ort zu überstellen, an dem sie gemäß Vereinbarung vom Anbieter auf den Nachfrager übergehen soll.

- *Kommunikationspolitik*

Kommunikationspolitik umfaßt nach weitverbreiteter Meinung die Bereiche Öffentlichkeitsarbeit, Verkaufsförderung und Werbung. In den letzten Jahren hat sich die Forschung wieder vermehrt diesem Gebiet zugewandt, nicht zuletzt aus folgenden Gründen:

- die Märkte sind auf fast allen Gebieten gesättigt, es geht oft nur darum, Ersatzbedarf zu decken
- es besteht ein durchgehend sehr hoher Fertigungsstandard, so daß Güter durch ihre Beschaffenheit oder ihren Preis kaum noch zu unterscheiden sind
- in vielen Bereichen bleiben Produktinnovationen weitgehend aus

Die Kommunikationspolitik versucht, die Informationsversorgung und den Informationsaustausch zwischen allen am Marktgeschehen Beteiligten zu koordinieren. Darunter ist vor allem der Informationsfluß zwischen Kunden, Handel und Herstellern zu verstehen. Um das zu erreichen werden alle bislang genannten Marketinginstrumente (Produkt-, Preis- und Distributionspolitik) in die Überlegungen und Bestrebungen der Koordination einbezogen.

Marketingforschung

Alle Bemühungen und Entscheidungen einer Unternehmung beruhen auf Informationen. Dies gilt in besonderem Maße auch für das Marketing. Aufgrund der Dynamik auf den bestehenden Märkten und der sich laufend verändernden Umweltsituationen, denen sich die Unternehmen gegenübersehen, werden Informationsgenerierung und Informationsversorgung immer bedeutender. In der Literatur finden sich für den Vorgang der Informationsgewinnung vor allem die Begriffe Absatzforschung, Marktforschung und Marketingforschung, die zwar synonym verwendet werden, deren Bedeutung jedoch nicht die gleiche ist. Während Marktforschung die Gewinnung von Daten eines bestimmten Marktes und deren Analyse meint, ist Absatz- und Marketingforschung als Grundlage für die Einführung und Kontrolle von Marketing-Konzepten zu verstehen. Hierbei geht es vor allem um die Unternehmensumwelt und um organisatorische Voraussetzungen innerhalb der Unternehmung.

Des weiteren wird in diesem Fach versucht, einen Überblick über verschiedene methodische Ansätze zu geben (beispielsweise ein- und mehrdimensionale Skalierungsverfahren).

Klausuraufgabe für das Fach Absatzwirtschaft/Marketing

Aufgabenstellung

Nennen Sie die Konzepte, auf denen die klassische Produkt-Portfolio-Matrix aufbaut.
Stellen Sie die klassische Produkt-Portfolio-Matrix graphisch und verbal dar und gehen Sie kurz auf mögliche Normstrategien ein.

Erlaubte Hilfsmittel: keine
Bearbeitungszeit für Studenten nach dem 1. Fachsemester: ca. 20 Minuten.

Musterlösung:

Siehe Seite 20 bis 23

2.2 Finanzwirtschaft

> Finanzplaner: Ein Mann, der morgen genau sagen kann, warum der gestern vorausgesagte Finanzbedarf heute nicht ausreicht.
> Anonym

Überblick über die Thematik

Grundlagen der Finanzwirtschaft

Die Finanzwirtschaft beschränkt sich bei ihrer Betrachtung auf die monetären (= geldlichen) Ziele der Eigenkapitalgeber. Das läßt sich folgendermaßen begründen: Das Hauptziel aller Interessengruppen (z. B. Arbeitnehmer, Konsumenten, Kapitalgeber, Öffentlichkeit) ist die Sicherung des Fortbestands der Unternehmung, denn keine Interessengruppe kann bei Ausscheiden der Unternehmung aus dem Markt ihre Ziele weiterverfolgen. Deshalb kann für alle Interessengruppen gleichermaßen die Erhaltung der Unternehmenswirtschaftlichkeit als oberstes Ziel angesehen werden.

Für die Unternehmung stellt sich somit das Problem, aus allen möglichen Projekten, die sich dem Unternehmen bieten, diejenigen Alternativen herauszufinden, bei denen die Einzahlungen die Auszahlungen überschreiten. Da in der Praxis jedoch oftmals mehrere Projekte diese Bedingung erfüllen, ist es Aufgabe der Finanzwirtschaft, die Alternative herauszufinden, bei der die positive Differenz aus Ein- und Auszahlungen am größten ist. Damit wird deutlich, daß es sich bei der Investitionsplanung und Wirtschaftlichkeitsrechnung um ein Entscheidungsproblem handelt. In der Realität sind Investitionsentscheidungen durch eine komplexe Datenbasis, unklare Zielvorstellungen und Entscheidungskonflikte gekennzeichnet. Deshalb werden finanzwirtschaftliche Entscheidungsmodelle aufgestellt, die den Entscheidungsträgern eine Hilfestellung bei ihrer Entscheidungsfindung bieten sollen. Hier die wichtigsten Annahmen, die einem solchen Modell zugrunde gelegt werden:

- Annahme sicherer Erwartungen, d. h. der Entscheidungsträger (Investor, Kreditnehmer) kann sichere Aussagen über Höhe und Zeitpunkt der aus einem Projekt zu erwartenden Einzahlungen und Auszahlungen treffen.
- Annahme eines vollkommenen Kapitalmarktes, d. h. es gibt nur einen Preis für Kapital und es gibt keine sachlichen oder persönlichen Präferenzen. Dies bedeutet konkret, daß am vollkommenen Kapitalmarkt jedes Wirtschaftssubjekt jederzeit Gelder in beliebiger Höhe zu einem einheitlichen Kredit- und Anlagezinssatz i ($i_{Soll} = i_{Haben}$) anlegen bzw. aufnehmen kann. Es gibt somit keine Liquiditätsprobleme und nur einen Zinssatz.
- Annahme fehlender Interdependenzen (= gegenseitige Abhängigkeiten), da diese die eindeutige Zuordnung von Zahlungen zu einzelnen Projekten erschweren. Unter fehlenden Interdependenzen

sind hier hauptsächlich das Fehlen von Budgetrestriktionen und Risiken zu verstehen.

- Einzahlungen (Auszahlungen) zu früheren (späteren) Zeitpunkten werden betragsgleichen Einzahlungen (Auszahlungen) zu späteren (früheren) Zeitpunkten vorgezogen.
- Der Zins ist das Entgelt für den vorläufigen Konsumverzicht, wobei die ökonomische Zeitpräferenz eines jeden Wirtschaftssubjekts die Höhe des Zinssatzes bestimmt. Gemäß der zweiten Annahme gibt es aber nur einen einheitlichen Zins.

Investitionsplanung und Wirtschaftlichkeitsrechnung am Beispiel der Endwertmethode

Investitions- und Finanzierungsprojekte werden mit Hilfe von Zahlungsreihen dargestellt.

Beispiel für eine Zahlungsreihe einer Investition:

t_0	t_1	t_2	t_3	t_4
+1.000	−300	−300	−300	−300

Beachte: das erste Vorzeichen ist positiv, alle folgenden sind negativ.

Beispiel für eine Zahlungsreihe einer Finanzierung:

t_0	t_1	t_2	t_3	t_4
−1.000	+300	+300	+300	+300

Beachte: das erste Vorzeichen ist negativ, alle folgenden sind positiv.

Die Zahlungsreihen werden vereinfacht durch:

- Definition des Planungszeitraumes n durch die Nutzungsdauer des Projektes. Der Planungszeitraum wird in Planungsperioden (t_0, t_1, t_2, ..., t_n) aufgeteilt.
- Erfassung der Anschaffungsauszahlung (a_0) bzw. der Anfangseinzahlung (e_0) in Periode t_0.
- Festlegung des Zahlungszeitpunktes jeweils am Periodenende. Das hat zur Folge, daß nicht auf die unterjährige Verzinsung (eine Abrechnungsperiode umfaßt weniger als ein Jahr) eingegangen werden muß.

Im Rahmen des Grundstudiums werden aus Gründen der Vereinfachung nur Zahlungsreihen betrachtet, bei denen das Vorzeichen im Zeitablauf einmal wechselt.

Bsp.: Aufzinsen einer Zahlungsreihe

10.000,– DM werden von einem Kapitalgeber für 4 Jahre (n = 4) zu einem Zinssatz von 3% pro Jahr (i = 3% p.a.) angelegt.
Wie hoch ist der Anlagebetrag nach 4 Jahren?

$K_4 = ?$

Anlagebetrag
nach dem 1. Jahr: $10.000 + 10.000 \cdot i = 10.000 \cdot (1+i)^1$
allgemein: $K_0 \cdot (1+i)^1$
Anlagebetrag
nach dem 2. Jahr: $10.000 + 10.000 \cdot i + (10.000 + 10.000 \cdot i) \cdot i = 10.000 \cdot (1+i)^2$
allgemein: $K_0 \cdot (1+i)^2$
Anlagebetrag
nach dem 3. Jahr: $10.000 \cdot (1+i)^2 + (10.000 \cdot (1+i)^2 \cdot i) = 10.000 \cdot (1+i)^3$
allgemein: $K_0 \cdot (1+i)^3$
Anlagebetrag
nach dem 4. Jahr: $10.000 \cdot (1+i)^3 + (10.000 \cdot (1+i)^3) \cdot i = 10.000 \cdot (1+i)^4$
allgemein: $K_0 \cdot (1+i)^4$
$\Rightarrow (1+i)^4$ = Aufzinsungsfaktor
$\Rightarrow K_4 = 10.000 \cdot 1{,}126 = 11.260$

Der Endwert K_4 der Zahlung beträgt also 11.260,– DM.

Analog erfolgt die Abzinsung, wobei der allgemeine Abzinsungsfaktor lautet:

$$(1+i)^{-n} = \text{Abzinsungsfaktor}$$

Die Notwendigkeit der Auf- bzw. Abzinsung liegt darin begründet, daß Zahlungen, die zu unterschiedlichen Zeitpunkten anfallen, vergleichbar gemacht werden können. Dadurch werden die alternativen Investitions- und Finanzierungsprojekte ebenfalls vergleichbar. Der Entscheider ist somit in der Lage, diejenige Investition bzw. Finanzierung zu finden, die für ihn optimal ist.

Das Entscheidungskriterium bei der Endwertmethode ist der Endwert einer Zahlungsreihe. Der Endwert einer Zahlungsreihe ist die Summe der Endwerte der einzelnen Zahlungen eines Projekts.

Definition:
e_t = Einzahlung in Periode t
a_t = Auszahlung in Periode t
n = Anzahl der Perioden
i = Kalkulationszinssatz

$\Rightarrow (1+i)^{n-t}$ = Aufzinsungsfaktor für den Zeitraum n − t

$\Rightarrow$ Endwert $= \Sigma\,(e_t - a_t) \cdot (1+i)^{n-t}$
für t = 0 bis n

Entscheidungsregeln:

1. Das Problem *der absoluten Vorteilhaftigkeit.* Beantwortet werden soll die Frage, ob eine Investition bzw. Finanzierung durchgeführt werden soll oder ob die Nullalternative gewählt wird (d. h. das Projekt wird nicht durchgeführt).
   Ist der Endwert $> 0 \Rightarrow$ das Projekt ist absolut vorteilhaft, d. h. es wird realisiert.
   Ist der Endwert $= 0 \Rightarrow$ der Investor ist indifferent zwischen der Durchführung des Projekts und der Nullalternative.
   Ist der Endwert $< 0 \Rightarrow$ das Projekt ist absolut unvorteilhaft, d.h. es wird nicht realisiert.

Was bedeutet jetzt aber ein positiver Endwert?
Ist der Endwert einer Zahlungsreihe > 0, heißt das, daß der Überschuß, den ein Projekt bezogen auf t_n erwirtschaftet,

- bei Wiedergewinnung von a_0
- über die Verzinsung des im Projekt gebundenen Kapitals zu i hinaus,

zum Zeitpunkt t_n zu Konsumzwecken entnommen werden kann.

2. Das Problem der *relativen Vorteilhaftigkeit.* Beantwortet werden soll die Frage, welches von mehreren Projekten, die zur Auswahl stehen, das beste Projekt ist.

Annahme:
Die zur Auswahl stehenden Projekte P_1 und P_2 sind absolut vorteilhaft, d. h.

Endwert von $P_1 > 0$ und
Endwert von $P_2 > 0$

Das Entscheidungskriterium für die Auswahl beruht auf dem Vergleich der Endwerte der Projekte

Endwert $P_1 >$ Endwert $P_2 \Rightarrow$ P_1 wird realisiert, d.h. P_1 ist relativ vorteilhafter als P_2
Endwert $P_1 =$ Endwert $P_2 \Rightarrow$ der Investor ist indifferent zwischen den Projekten P_1 und P_2
Endwert $P_1 <$ Endwert $P_2 \Rightarrow$ P_2 wird realisiert, d.h. P_2 ist relativ vorteilhafter als P_1

Die hier vorgestellte Endwertmethode ist nur eine von vielen Möglichkeiten, mit der ein Entscheidungsträger bestimmen kann, ob und welche Investitions- bzw. Finanzierungsmöglichkeit er wählen soll.

Finanzierung

Dargestellt und erläutert werden im Rahmen der Außenfinanzierung verschiedene Formen der Beteiligungs- und Kreditfinanzierung für Unternehmen mit und ohne Börsenzutritt (insbesondere Aktien, Anleihen, Schuldscheindarlehen, Lieferanten-, Diskont-, Akzept- und Avalkredite) sowie spezielle Sonderformen (Leasing, Factoring, Forfaitierung).

Die Analyse der Funktionsweise und die Darstellung verschiedener Formen der Innenfinanzierung sind ebenso Bestandteil der Veranstaltung wie die Analyse von Finanzierungstechniken und Entscheidungskriterien, die zur Beurteilung einzelner bzw. für die Auswahl zwischen unterschiedlichen Finanzierungsformen herangezogen werden.

Klausuraufgabe für das Fach Finanzwirtschaft

Aufgabenstellung

Stellen Sie sich vor, Sie haben Ihr Grundstudium im Fach Betriebswirtschaftslehre erfolgreich abgeschlossen und absolvieren gerade ein

Praktikum in der Finanzabteilung eines führenden Zulieferers der Automobilindustrie. Der Abteilungsleiter, dem Sie zugeteilt sind, bittet Sie, für eine Maschine, die neu beschafft werden soll, eine Auswahl zwischen den zwei möglichen Projekten (Modell A, Modell B) zu treffen. Er gibt Ihnen als Entscheidungshilfe folgende Informationen:

- Unterschiede in der Qualität der beiden Projekte gibt es nicht.
- Persönliche Präferenzen werden bei der Entscheidungsfindung ausgeschlossen. In dieser Abteilung werden finanzwirtschaftliche Entscheidungen allein nach der Endwertmethode entschieden.
- Der Kalkulationszinssatz für Ihre Entscheidungsfindung beträgt 10% p. a.
- Die Zahlungsreihen der beiden Projekte sind bekannt und lauten:

Projekt	t_0	t_1	t_2	t_3
A	–30.000	+14.000	+12.000	+10.000
B	–30.000	+18.000	0	+18.000

Da Sie keinen Taschenrechner besitzen und in Ihrer Abteilung nur Computer verwendet werden, zu denen Sie keinen Zugriff haben, gibt Ihnen Ihr Abteilungsleiter folgende Werte vor:

$1{,}1^4 = 1{,}464$ $\quad$ $1{,}1^{-4} = 0{,}683$
$1{,}1^3 = 1{,}331$ $\quad$ $1{,}1^{-3} = 0{,}751$
$1{,}1^2 = 1{,}210$ $\quad$ $1{,}1^{-2} = 0{,}826$
$1{,}1^1 = 1{,}100$ $\quad$ $1{,}1^{-1} = 0{,}909$

Erlaubte Hilfsmittel: keine
Bearbeitungszeit für Studenten nach dem 1. Fachsemester: ca. 15 Minuten

Musterlösung:

Berechnung der Endwerte:

$$\text{Endwert} = \Sigma\, (e_t - a_t) \cdot (1+i)^{n-t}$$
$$\text{für } t = 0 \text{ bis } n$$

Berechnung des Endwerts von Projekt A:

1. $(e_t - a_t) \cdot (1+i)^{n-t}$ für t = 0, t = 1, t = 2, t = 3

t_0: $-30.000 \cdot (1+0,1)^{3-0} = -30.000 \cdot 1,1^3 = -30.000 \cdot 1,331 = -39.930$

t_1: $+14.000 \cdot (1+0,1)^{3-1} = +14.000 \cdot 1,1^2 = +14.000 \cdot 1,210 = +16.940$

t_2: $+12.000 \cdot (1+0,1)^{3-2} = +12.000 \cdot 1,1^1 = +12.000 \cdot 1,10 = +13.200$

t_3: $+10.000 \cdot (1+0,1)^{3-3} = +10.000 \cdot 1,1^0 = +10.000 \cdot 1,0 = +10.000$

2. Endwert = $\Sigma (e_t - a_t) \cdot (1+i)^{n-t}$
für t = 0 bis 3

⇒ Endwert = $\Sigma -39.930 + 16.940 + 13.200 + 10.000 = 210 > 0$
und somit ist Projekt A absolut vorteilhaft

Berechnung des Endwerts von Projekt B:

1. $(e_t - a_t) \cdot (1+i)^{n-t}$ für t = 0 bis 3

t_0: $-30.000 \cdot (1+0,1)^{3-0} = -30.000 \cdot 1,1^3 = -30.000 \cdot 1,331 = -39.930$

t_1: $+18.000 \cdot (1+0,1)^{3-1} = +18.000 \cdot 1,1^2 = +18.000 \cdot 1,210 = +21.780$

t_2: –

t_3: $+18.000 \cdot (1+0,1)^{3-3} = +18.000 \cdot 1,1^0 = +18.000 \cdot 1,0 = +18.000$

2. Endwert = $\Sigma (e_t - a_t) \cdot (1+i)^{n-t}$ für t = 0 bis 3

⇒ Endwert = $\Sigma -39.930 + 21.780 + 0 + 18.000 = -150 < 0$
und somit ist Projekt B absolut unvorteilhaft

⇒ Projekt A wird realisiert.

2.3 Informationswirtschaft

Überblick über die Thematik

Unter dem Begriff Informationswirtschaft werden alle Teilbereiche der Betriebswirtschaftslehre zusammengefaßt, die mit der Informationserfassung, -verarbeitung und der Weiterleitung der so generierten Informationen einer Unternehmung befaßt sind. Dazu gehören im Grundstudium hauptsächlich die Fächer

- Buchführung
- Kosten- und Leistungsrechnung.

Innerhalb einer Unternehmung ist das Rechnungswesen mit all diesen Aufgaben befaßt. Das Rechnungswesen umfaßt sämtliche Rechenwerke, die das Geschehen einer Unternehmung erfassen, auswerten, steuern und überwachen. Wir wollen vor allem die Finanzbuchführung und die Betriebsbuchführung betrachten, wobei sich hinter dem Begriff der Betriebsbuchführung eine Kosten- und Leistungsrechnung verbirgt (siehe unten). Die Finanzbuchhaltung orientiert sich an den Güterbewegungen und Zahlungsvorgängen und verfolgt folgende Zwecke:

- Erfassung aller Zahlungen und der damit verbundenen Vorgänge
- Zuordnung von Leistungswerten (Ertrag, Aufwand) zu allen Zu- und Abgängen
- Registrierung und Darstellung des Vermögens und der Schulden sowie deren Veränderungen
- Sicherung der Übersichtlichkeit und Nachprüfbarkeit aller Vorgänge
- Erfolgsermittlung

Damit bildet die Finanzbuchhaltung die Grundlage für den Jahresabschluß, der aus Bilanz und Gewinn- und Verlustrechnung sowie gegebenenfalls dem Geschäftsbericht besteht.

Buchführung

Bilanz: Das Jahreszeugnis des Managers — Helmar Nahr

Unter Buchführung soll vor allem die grundlegende Technik der Buchhaltung verstanden werden.

- *Die Buchführung im Rahmen des Rechnungswesens der Unternehmung (insbesondere Wesen und Zweck, gesetzliche Vorschriften und Organisation der Buchführung)*

Die Pflicht zur Buchführung ist in den §§ 238, 239 des Handelsgesetzbuches (HGB) verankert. Demnach ist jeder Kaufmann verpflichtet, »Bücher zu führen und in diesen seine Handelsgeschäfte und die

Lage seines Vermögens nach den Grundsätzen ordnungsmäßiger Buchführung ersichtlich zu machen.« (238 Abs. 1 Satz 1 HGB)

Wie die Bücher zu führen sind, wird in § 239 HGB geregelt. Hier ein kurzer Überblick:

- § 239 Abs. 1 HGB Handelsbücher sind in einer lebenden Sprache zu führen
- § 239 Abs. 2 HGB Eintragungen müssen vollständig, richtig, zeitgerecht und geordnet vorgenommen werden
- § 239 Abs. 3 HGB Eintragungen in die Handelsbücher sind unveränderlich, d. h. Korrekturen dürfen nur durch belegmäßig durchgeführte Stornobuchungen durchgeführt werden.

Betrachtet man diese und andere hier nicht genannte Gesetze und Vorschriften genauer, so stellt man fest, daß der Gesetzgeber vor allem dem Gäubigerschutz eine sehr hohe Priorität einräumt.

- *System und Technik der doppelten Buchführung (insbesondere Inventar, Bilanz, Führen und Abschluß von Konten)*

§ 240 HGB definiert den Begriff des Inventars. Demnach ist das Inventar ein unabhängig von der Buchführung zu erstellendes, detailliertes art-, mengen- und wertmäßiges, in Staffelform aufzustellendes Verzeichnis aller Vermögensgegenstände und Schulden zu einem Stichtag. Dieses Verzeichnis wird untergliedert in Vermögensgegenstände und Schulden, wobei sich als Saldo entweder ein positives oder negatives Reinvermögen (= Eigenkapital) ergibt.

⇒ Reinvermögen = Σ der Vermögensgegenstände – Σ der Schulden
= Eigenkapital

Bei den Vermögensgegenständen unterscheidet man das Anlagevermögen, das sind solche Gegenstände, die dazu bestimmt sind, dem Unternehmen langfristig zu dienen, z. B. Gebäude oder Grundstücke, vom Umlaufvermögen, womit diejenigen Gegenstände gemeint sind, die zum Verbrauch oder Verkauf vorgesehen sind. Als Gliederungskriterium wird bei der Aufstellung des Vermögens die zunehmende Liquidität der Vermögensgegenstände verwendet. Auch bei den Schulden wird eine Unterscheidung vorgenommen, und zwar nach der Fristigkeit, d. h. nach der Restlaufzeit. Somit erhält man kurzfristige (bis ein Jahr Laufzeit) und langfristige (Laufzeit > ein Jahr) Verbindlichkeiten.

Wie jetzt aus dem Inventar eine Bilanz abgeleitet werden kann, soll an einem Beispiel gezeigt werden. Betrachten wir den Gliederungspunkt »Vermögen einer Unternehmung« im Inventar:

a. Anlagevermögen:
   a.1 2 Maschinen vom Typ 08 15 à 10.000,– DM
   a.2 3 Maschinen vom Typ 08 16 à 7.500,– DM
   a.3 1 Maschine vom Typ 08 17 à 22.500,– DM
   usw.

b. Umlaufvermögen:
   b.1 2.000 Stück Schrauben vom Typ 10 à 0,5 DM
   b.2 10.000 Stück Schrauben vom Typ 18 à 0,9 DM
   usw.

Die gleiche Aufstellung in der Bilanz sieht folgendermaßen aus:

A Vermögensgegenstände:

a. Anlagevermögen:	1. Maschinen 65.000,– DM
	2. Grundstücke …
b. Umlaufvermögen:	1. Schrauben 10.000,– DM
	2. Nägel …

Die Informationen der Bilanz sind also viel stärker aggregiert (= zusammengefaßt) als die des Inventars und werden in Kontenform ausgewiesen.

Struktur der Bilanz:

Bilanz

Aktiva	Passiva
Vermögen • Anlagevermögen • Umlaufvermögen	Eigenkapital Schulden = Fremdkapital

Die Aktivseite gibt an, wozu die Mittel verwendet werden = Investitionen
Die Passivseite gibt an, wo die Mittel herkommen = Finanzierung

⇒ Bilanzgleichung:

Vermögen – Schulden = Eigenkapital

oder:

Aktiva = Passiva

Im Vergleich zwischen Inventar und Bilanz läßt sich also feststellen, daß das Inventar detaillierte Angaben enthält, die in Staffelform festgehalten werden, wohingegen die Bilanz eine planmäßig zusammengefaßte, wertmäßige Übersicht in Kontenform darstellt.

Kommen wir nun zur Technik der doppelten Buchführung, d. h. der Art und Weise, wie Konten geführt werden. Dazu sind hier die vier grundlegenden Bilanzänderungen, auf die sich alle Buchungssätze zurückführen lassen, genannt:

1. Aktivtausch
2. Passivtausch
3. Aktiv-Passiv-Mehrung
4. Aktiv-Passiv-Minderung

Diese unterschiedlichen Bilanzänderungen sollen mit Hilfe des folgenden Beispiels erklärt werden.

Als Ausgangsbasis sei eine Eröffnungsbilanz vorgegeben, d.h. in diesem Fall eine Bilanz, die am 1. Tag des neuen Geschäftsjahres erstellt wurde und auf den Abschlußdaten des vergangenen Geschäftsjahres basiert. Auf der Aktivseite erscheinen die Positionen Waren, Forderungen und Kasse, auf der Passivseite die Positionen Eigenkapital, Verbindlichkeiten aus Lieferungen und Bankschulden

Eröffnungsbilanz zum 01.01.19..

Aktiva		Passiva	
Waren	13.600,00	Eigenkapital	22.100,00
Forderungen	11.300,00	Verbindlichkeiten a. L.	11.200,00
Kasse	12.100,00	Bankschulden	3.700,00
Bilanzsumme	37.000,00		37.000,00

Geschäftsvorfälle:

1. Aktivtausch:	Kauf von Waren für DM 10.000,– in bar
2. Passivtausch:	Umschuldung der Verbindlichkeiten durch Aufnahme einer Bankschuld in Höhe von DM 5.000,–
3. Aktiv-Passiv-Mehrung = Bilanzverlängerung:	Kauf von Waren auf Ziel für DM 7.500,–
4. Aktiv-Passiv-Minderung = Bilanzverkürzung:	Bareinzahlung auf das Bankkonto zur Tilgung der Bankschulden in Höhe von DM 1.000,–

1. Kauf von Waren für DM 10.000,– in bar.

Aktiva		Passiva	
Waren	*23.600,00*	Eigenkapital	22.100,00
Forderungen	11.300,00	Verbindlichkeiten a. L.	11.200,00
Kasse	*2.100,00*	Bankschulden	3.700,00
Bilanzsumme	37.000,00		37.000,00

Folge: Das Warenkonto nimmt um DM 10.000,– auf DM 23.600,– zu, das Kassenkonto um den gleichen Betrag auf DM 2.100,– ab.
⇒ Aktivtausch, d. h. Bilanzsumme bleibt unverändert

2. Umschuldung der Verbindlichkeiten durch Aufnahme einer Bankschuld in Höhe von DM 5.000,–

Aktiva		Passiva	
Waren	23.600,00	Eigenkapital	22.100,00
Forderungen	11.300,00	*Verbindlichkeiten a. L.*	*6.200,00*
Kasse	2.100,00	*Bankschulden*	*8.700,00*
Bilanzsumme	37.000,00		37.000,00

Folge: Das Konto Bankschulden nimmt um DM 5.000,– auf DM 8.700,– zu, das Konto Verbindlichkeiten a. L., um den gleichen Betrag auf DM 6.200,– ab.
⇒ Passivtausch, d. h. Bilanzsumme bleibt unverändert

3. Kauf von Waren auf Ziel für DM 7.500,–

Aktiva		Passiva	
Waren	*31.100,00*	Eigenkapital	22.100,00
Forderungen	11.300,00	*Verbindlichkeiten a. L.*	*13.700,00*
Kasse	2.100,00	Bankschulden	8.700,00
Bilanzsumme	*44.500,00*		*44.500,00*

Folge: Das Warenkonto nimmt um DM 7.500,– auf DM 31.100,– zu, das Konto Verbindlichkeiten a. L. nimmt ebenfalls um den gleichen Betrag auf DM 13.700,– zu.
⇒ Aktiv-Passiv-Mehrung, d.h. die Bilanzsumme steigt an.

4. Bareinzahlung auf das Bankkonto zur Tilgung der Bankschulden in Höhe von DM 1.000,–

Aktiva		Passiva	
Waren	31.100,00	Eigenkapital	22.100,00
Forderungen	11.300,00	Verbindlichkeiten a. L.	13.700,00
Kasse	*1.100,00*	*Bankschulden*	*7.700,00*
Bilanzsumme	*43.500,00*		*43.500,00*

Folge: Das Kassenkonto nimmt um DM 1.000,– auf DM 1.100,– ab, das Konto Bankschulden nimmt ebenfalls um den gleichen Betrag auf DM 7.700,– ab.
⇒ Aktiv-Passiv-Minderung, d. h. die Bilanzsumme sinkt.

Zusammenfassend kann festgehalten werden, daß jeder Geschäftsvorfall mindestens zwei Bilanzpositionen ändert, und daß die Bilanzgleichung immer unverändert bleibt.

Die Bilanz wird sofort zu Beginn des neuen Geschäftsjahres in ihre einzelnen Konten aufgelöst, d. h. für jede Bilanzposition werden ein oder mehrere Konten gebildet, auf denen während des Geschäftsjahres gebucht wird. Erst am Ende des Geschäftsjahres werden die Konten wieder abgeschlossen und zur neuen Bilanz zusammengefaßt. Die einzelnen Teile der Bilanz, die bei der Auflösung entstehen, heißen Bestandskonten, da diese Konten Bestände, z. B. den Kassenbestand, angeben. Die Positionen, die auf der linken Seite der Bilanz (Aktivseite) stehen, sind die aktiven Bestandskonten, diejenigen auf der rechten Seite (Passivseite) die passiven Bestandskonten. Diese Unterscheidung ist für die Buchführung sehr wichtig, da sich die Struktur der aktiven Bestandskonten grundlegend von der der passiven Bestandskonten unterscheidet.

Aktives Bestandskonto

Soll	Haben
Anfangsbestand + Zugänge	Abgänge Saldo = Endbestand

Passives Bestandskonto

Soll	Haben
Abgänge Saldo = Endbestand	Anfangsbestand + Zugänge

Um nicht jedesmal bei einer Buchung in die Konten schreiben zu müssen und um mehr Übersichtlichkeit zu gewährleisten, führen wir jetzt den Buchungssatz ein. Buchen bedeutet übrigens das Festhalten eines Geschäftsvorfalls auf den jeweiligen Konten.

Beispiel:
Waren im Wert von DM 2.000,– werden bar gekauft. Das bedeutet, daß das Warenkonto, ein aktives Bestandskonto, um DM 2.000,– zunimmt, und das Kassenkonto, ebenfalls ein aktives Bestandskonto, um DM 2.000,– abnimmt.

Betrachten Sie die Struktur des aktiven Bestandskontos, um sich diesen Sachverhalt zu verdeutlichen.

Sie sehen, daß das Warenkonto im Soll (linke Seite) um DM 2.000,– zunimmt, da der Bestand an Waren um diesen Wert steigt, das Kassenkonto hingegen im Haben (rechte Seite) um DM 2.000,– abnimmt, da der Bestand an Bargeld um diesen Betrag abnimmt.

Der Buchungssatz dazu lautet:

lfd. Nr.	Soll	Haben	Betrag	Betrag
1.	Warenkonto (Waren)	an Kassenkonto (Kasse)	2.000,–	2.000,–

Bei einem Buchungssatz wird immer die linke Seite, die Sollseite, zuerst genannt, dann folgt die rechte, die Habenseite. Gebucht wird also immer »Soll an Haben«, nie umgekehrt.

Betrachten wir nun noch einmal die vier Standardgeschäftsvorfälle vom Beginn dieses Gliederungspunktes:

1. Kauf von Waren für DM 10.000,– in bar
2. Umschuldung der Verbindlichkeiten durch Aufnahme einer Bankschuld in Höhe von DM 5.000,–
3. Kauf von Waren auf Ziel für DM 7.500,–
4. Bareinzahlung auf das Bankkonto zur Tilgung der Bankschulden in Höhe von DM 1.000,–

Die Buchungssätze zu diesen vier Fällen lauten:

lfd. Nr.	Soll	Haben	Betrag	Betrag
1.	Waren	an Kasse	10.000,–	10.000,–
2.	Verbindlichkeiten	an Bankschulden	5.000,–	5.000,–
3.	Waren	an Verbindlichkeiten	7.500,–	7.500,–
4.	Bankschulden	an Kasse	1.000,–	1.000,–

Kosten- und Leistungsrechnung

> Betriebsananlyse: Kostspielige Analyse, durch betriebsfremde Fachleute das entwickeln zu lassen, was man im Betrieb seit 20 Jahre weiß.
> Michael Schiff

Funktion und Aufgaben der Kostenrechnung

Die Kosten- und Leistungsrechnung ist ein Instrument des internen Rechnungswesens. Als solche hat sie Aufgaben zu erfüllen, die den unternehmerischen Planungs- und Entscheidungsprozeß unterstützen sollen. Diese Aufgaben sind:

- *Kalkulation der betrieblichen Leistungen,* d.h. es soll unter Berücksichtigung möglichst aller Kosten festgestellt werden, wie hoch die genauen Kosten pro Stück sind. Dadurch lassen sich jedoch nicht die Verkaufspreise der Produkte feststellen, diese werden einzig und allein vom Markt bestimmt. Die genauen Kosten des Produkts können allenfalls zur Bestimmung der Preisuntergrenze herangezogen werden.
- *Kontrolle der Wirtschaftlichkeit,* worunter hauptsächlich die Kostenkontrolle zu verstehen ist. Die Kostenkontrolle wird oft als Abweichung der Ist-Kosten von den Normalkosten durchgeführt. Hierbei sind unter den Ist-Kosten diejenigen Kosten zu verstehen, die bei der Entstehung des Produkts tatsächlich anfallen; unter den Normalkosten sollen hier die Kosten verstanden werden, die bei der Produktion, anfallen, wenn der Produktionsprozeß »normal« abläuft. Bereits an dieser kurzen Einführung läßt sich erkennen, daß das Thema Kostenrechnung im Grundstudium nicht erschöpfend behandelt werden kann. Deshalb kann auch an dieser Stelle die Problematik, die eine Kostenrechnung mit sich bringt, nur in aller Kürze angesprochen werden.
- *Bereitstellung von Zahlenmaterial* für andere, z.B. dispositive Zwecke. In der betriebswirtschaftlichen Diskussion liegt zur Zeit ein Schwerpunkt auf der Ermittlung von Kostendaten für die Planung des Betriebsablaufes. Zum Beispiel kann die Frage beantwortet werden, ob es aus Kostengründen vertretbar ist, ein Produkt, welches unser Unternehmen selbst herstellt, in Zukunft weiter in

eigener Regie zu produzieren, oder ob es nicht vielleicht sinnvoller ist, das Produkt von einem anderen Hersteller zu beziehen.

Um diesen Aufgaben gerecht zu werden, ist die Kostenrechnung folgendermaßen aufgebaut:
- Kostenartenrechung
- Kostenstellenrechnung
- Kostenträgerrechnung

- *Kostenartenrechnung*

Sie dient der vollständigen Erfassung aller in einer Abrechnungsperiode angefallenen Kosten, der Abgrenzung der Kosten von Aufwendungen, der Erträge von Leistungen sowie der summarischen Kostenkontrolle.

Die Kostenartenrechnung unterscheidet sieben primäre Kostenarten, denen sich alle auftretenden Kosten zuordnen lassen. Diese sind:
1. Abgaben an die öffentliche Hand
2. Arbeitskosten
3. Betriebsmittelkosten
4. Fremdleistungskosten
5. Kapitalkosten
6. Wagniskosten
7. Werkstoffkosten

Was die Kostenarten im einzelnen umfassen und wie sie ermittelt werden, soll hier nur kurz am Beispiel der Betriebsmittelkosten erörtert werden.

Betriebsmittel sind langfristig nutzbare Produktionsfaktoren (z.B. Maschinen, Gebäude, Fahrzeuge, Einrichtung...), die nicht in das Endprodukt eingehen, deren Existenz aber für den Produktionsprozeß trotzdem unabdingbar ist. Ihre Wertminderung entsteht durch Verringerung ihres Leistungsvermögens. Hier seien ein paar Ursachen für die Wertminderung von Betriebsmitteln genannt. Wertminderung kann entstehen durch:

- Veränderung der Nachfrage nach bestimmten Gütern:
  Unser Unternehmen hat sich in Erwartung weiter steigender Roh-

stoffpreise mit großen Mengen eines Rohstoffs eingedeckt, doch entgegen allen Erwartungen fallen die Rohstoffpreise rasant.

- umweltbedingter (natürlicher) Verschleiß:
  Die Gebäude unseres Unternehmens sind Witterungseinflüssen ausgesetzt. Nach einer Zeit von erfahrungsgemäß 25 – 30 Jahren müssen an diesen Gebäuden die Dächer erneuert oder zumindest repariert werden.
- Substanzverminderung:
  Standardbeispiel für Substanzverminderungen ist die Kiesgrube, deren Substanz und damit auch Wert im Laufe der Ausbeutung immer mehr abnimmt.
- technischen Fortschritt:
  Unser Unternehmen hat sich vor drei Jahren erstmals neue PCs zugelegt, konnte diese aber nicht nutzen, da die Angestellten nicht in der Lage waren, mit ihnen umzugehen. Jetzt besitzen diese PCs aufgrund der technischen Weiterentwicklung nur noch einen Bruchteil des damaligen Wertes, obwohl sie nie benutzt wurden und daher keinem Verschleiß unterlagen.

Der auf die oben genannte Art und Weise entstandene Wertverlust der Betriebsmittel muß im Rechnungswesen erfaßt werden. Da diese Güter dem Betrieb über mehrere Jahre hinweg zur Verfügung stehen, d. h. diese Anlagen über mehrere Perioden hinweg genutzt werden können, müssen auch die Anschaffungs- oder Herstellkosten über mehrere Jahre hinweg verteilt werden, was mit Hilfe der Abschreibung geschieht.

Beispiel lineare Abschreibung

Die oben genannten PCs hatten einen Anschaffungswert von DM 100.000,–. Die Unternehmensleitung ging bei der Anschaffung von einer Nutzungsdauer von 5 Jahren aus. Danach sind die Computer nicht mehr zu verkaufen. Ihr Restwert beträgt also DM 0,–. Drei Jahre nach Anschaffung der PCs soll das Unternehmen verkauft werden, und deshalb soll unter anderem auch der Wert der Computer mit Hilfe der linearen Abschreibung ermittelt werden.

Der Abschreibungsbetrag wird bei der linearen Abschreibungsmethode auf folgende Weise ermittelt:

$$\frac{\text{Anschaffungspreis} - \text{Endwert}}{\text{geplante Nutzungsdauer}} = \text{Abschreibungsbetrag}$$

⇒ Wertverlust der Computer pro Jahr:

$$\frac{100.000 - 0}{5} = 20.000$$

⇒ Wertverlust der Computer in drei Jahren:
$20.000 \cdot 3 = 60.000$

⇒ Endwert der Computer nach drei Jahren:
100.000 DM − 60.000 DM = 40.000 DM

Neben der linearen gibt es noch viele andere Abschreibungsmethoden. Aus Gründen der Einfachheit wurde an dieser Stelle jedoch nur die lineare Abschreibungsmethode kurz erläutert.

- *Kostenstellenrechnung*

Die Kostenstellenrechnung, die vom Ablauf her zwischen der Kostenarten- und der Kostenträgerrechnung steht, hat zwei Hauptaufgaben:

1. Eine genaue Verteilung der Erzeugnisgemeinkosten auf die Kostenträger soll erreicht werden. Was ist damit gemeint? Das Hauptproblem der Kostenrechnung ist die Aufteilung der Gemeinkosten. Gemeinkosten sind solche Kosten, die mehreren oder allen Kostenstellen gemeinsam zuzuordnen sind. Beispielsweise ist es relativ einfach, die Kosten des Stromverbrauchs der Maschinen (Kostenstellen) zu erheben. Ihre Aufteilung erfolgt nach Maschinenleistung in kW. Anders die Energie, die für die Ölheizung verbraucht wird: ihr Verbrauch ist den Maschinen nicht eindeutig zuzuordnen. Ähnlich ist es mit den Kosten, die der Sicherheitsdienst verursacht, der Abend für Abend das Firmengelände bewacht. Sollen die Kosten des Sicherungsdienstes auf alle Produkte gleichmäßig verteilt werden, oder sollen einige Produkte von diesen Kosten verschont werden? Verteilt man diese Kosten gleichmäßig auf alle Produkte, dann kann es geschehen, daß ein Produkt, welches in der Herstellung relativ kostengünstig ist, durch den Zuschlag, den es durch die gleichmäßige Umlegung der Kosten des Sicherheitsdienstes erfährt, unverhältnismäßig

»teuer« wird. Besonders deutlich wird das, wenn man sich noch einmal vor Augen führt, daß die kalkulierten Kosten als Preisuntergrenze herangezogen werden sollen. So könnte es geschehen, daß ein Produkt, welches in unserem Unternehmen kostengünstiger produziert werden kann als im Konkurrenzunternehmen, auf dem Markt nicht mehr konkurrenzfähig ist, da unser Unternehmen die Kosten des Sicherheitsdienstes dem Produkt zuschlägt, das Konkurrenzunternehmen hingegen sein Produkt mit diesen Kosten nicht belastet. Um das Problem zu lösen, werden Gemeinkosten oft nicht gleichmäßig, sondern anteilmäßig wertorientiert verteilt. Hierzu gibt es verschiedene Verfahren, die bereits im Grundstudium den Studenten vermittelt werden.

2. Die Kostenstellenrechnung soll Informationen zur Kontrolle der Wirtschaftlichkeit der einzelnen Kostenstellen bereitstellen. Wie oben schon erwähnt, ist es sehr problematisch, eine Kostenkontrolle auf der Basis von »normalen« Kosten durchzuführen. Diese »normalen« Kosten ergeben sich aus der Betrachtung von Vergangenheitswerten. Wenn also der Istverbrauch an einem Rohstoff plötzlich und unerklärlich ansteigt, wird ein Vergleich mit den Verbrauchswerten der Vergangenheit eine Unregelmäßigkeit aufzeigen. Eine fortlaufende, schon immer präsente Unwirtschaftlichkeit im Produktionsprozeß wird aber auf diese Weise nicht aufgedeckt. Eine echte Kostenstellenkontrolle ist deshalb erst im Rahmen einer Plankostenrechnung möglich, die jedoch in der Regel nicht Thema des Grundstudiums ist.

- *Kostenträgerrechnung (Kalkulation und kurzfristige Erfolgsrechnung)*

Als dritte und letzte Stufe der Kostenrechnung soll hier noch die Kostenträgerrechnung angesprochen werden. Hier unterscheidet man die Kostenträgerzeitrechnung, bei der es sich um eine auf die Abrechnungsperiode bezogene Betriebserfolgsrechnung handelt, mit der wir uns an dieser Stelle jedoch nicht befassen können, und die Kostenträgerstückrechnung. Darunter versteht man die Ermittlung der Kosten, die für die Erstellung und den Absatz einer Mengeneinheit entstanden sind. Kostenträger im Rahmen der Kostenträgerstückrechnung können Erzeugnisse sein, die für den Markt bestimmt sind, d.h. unfertige und fertige Erzeugnisse oder Dienstleistungen, oder sogenannte innerbetriebliche Leistungen, d.h. Güter, Anlagen oder Dienstleistungen, die im Betrieb selbst wieder eingesetzt werden.

Hier eine schematische Übersicht, wie die Kalkulation der Kosten einer Mengeneinheit eines Erzeugnisses aussehen könnte:

	Materialeinzelkosten/Mengeneinheit (= ME)
+	Materialgemeinkosten*/ME
+	Fertigungseinzelkosten/ME
+	Fertigungsgemeinkosten*/ME
+	Sondereinzelkosten der Fertigung/ME
+	Sondergemeinkosten der Fertigung*/ME
+	Forschungs- und Entwicklungsgemeinkosten*/ME
=	Herstellkosten/ME
+	Verwaltungsgemeinkosten*/ME
+	Sondereinzelkosten des Vertriebs/ME
+	Vertriebsgemeinkosten*/ME
=	Gesamtkosten/ME (= Selbstkosten)

* Der Anteil der Gemeinkosten, die dem Produkt zugeschlagen werden, wurde, wie oben erklärt, in der Kostenstellenrechnung bestimmt.

Klausuraufgaben für das Fach Informationswirtschaft

Klausuraufgabe für das Fach Buchführung

Aufgabenstellung

Verbuchen Sie folgende Geschäftsvorfälle und geben Sie an, um was für einen Fall von Buchung es sich handelt:

Anmerkung: Das Postbankkonto ist ein aktives Bestandskonto.

1. Barabhebung von DM 10.000,– vom Postbankkonto und Einzahlung in die Kasse Ihres Unternehmens.
2. Ware im Wert von DM 7.500,–, die bereits an Ihr Unternehmen ausgeliefert wurde, muß jetzt nach Ablauf der 30tägigen Zah-

lungsfrist bezahlt werden. Die Zahlung erfolgt vom Postbankkonto aus.

3. Die Arbeitskraft Ihres selbständigen Chefs im Unternehmen entspricht der eines Prokuristen mit einem Monatslohn von DM 6.000,–.
4. Ein Kunde Ihres Unternehmens begleicht seine Rechnung in Höhe von DM 99,– per Postbanküberweisung 14 Tage nach Erhalt der Ware.
5. Ihr Unternehmen nimmt bei Ihrer Hausbank einen Kredit über DM 4.000,– auf, um fällige Verbindlichkeiten begleichen zu können.

Erlaubte Hilfsmittel: keine
Bearbeitungszeit für Studenten nach dem 1. Fachsemester: ca. 5 Minuten

Musterlösung:

lfd. Nr.	Soll	Haben	Betrag	Betrag
1.	Kasse		10.000,–	
		an Postbank		10.000,–

Aktivtausch, da das Kassenkonto um DM 10.000,– zunimmt und das Postbankkonto um den gleichen Betrag vermindert wird.

2.	Verbindlichkeiten		7.500,–	
		an Postbank		7.500,–

Aktiv-Passiv-Minderung: Die Verbindlichkeiten gegenüber Lieferanten werden um 7.500,– DM reduziert, wodurch gleichzeitig das Postbankkonto um DM 7.500,– abnimmt.

3.	keine Buchung			
4.	Postbank		99,–	
		an Forderungen		99,–

Aktivtausch: Das Postbankkonto nimmt um DM 99,– zu und die Forderungen an Kunden wegen bereits gelieferter Ware verringern sich im Gegenzug.

5.	Verbindlichkeiten	an Bankschulden	4.000,–	4.000,–

Passivtausch: Die Verbindlichkeiten Ihres Unternehmens gegenüber Lieferanten nehmen ab, wohingegen die Verbindlichkeiten (Schulden) gegenüber der Bank erhöht werden.

Klausuraufgabe für das Fach Kosten- und Leistungsrechnung

Aufgabenstellung

Ihr Unternehmen hat sich eine neue Fertigungsanlage im Wert von DM 91.000,– zugelegt. Der Hersteller der Fertigungsanlage hat sich im Kaufvertrag verpflichtet, nach Ablauf von 7 Jahren die Anlage für DM 7.000,– zurückzunehmen, falls sich Ihr Unternehmen entschließt, eine neue Anlage bei demselben Hersteller zu beziehen.

Eine andere Möglichkeit ist, daß die Maschine nach Ablauf von 10 Jahren für DM 1.000,– an einen Schrotthändler verkauft wird. Ihr Chef verlangt jetzt von Ihnen, daß Sie für beide Alternativen die linearen Abschreibungsbeträge pro Jahr berechnen.

Erlaubte Hilfsmittel: keine
Bearbeitungszeit für Studenten nach dem 1. Fachsemester: ca. 5 Minuten

Musterlösung

1. Rücknahme der Anlage durch den Hersteller für DM 7.000,–.

Ermittlung des Abschreibungsbetrages:

$$\frac{\text{Anschaffungspreis} - \text{Endwert}}{\text{geplante Nutzungsdauer}} = \text{Abschreibungsbetrag}$$

$$\frac{91.000,\text{–} - 7000,\text{–}}{7} = 12.000,\text{–}$$

$\Rightarrow$ Wertverlust der Anlage nach sieben Jahren:
$12.000,\text{–} \cdot 7 = 84.000,\text{–}$

2. Verkauf der Anlage an einen Schrotthändler für DM 1.000,–.

Ermittlung des Abschreibungsbetrages:

$$\frac{\text{Anschaffungspreis} - \text{Endwert}}{\text{geplante Nutzungsdauer}} = \text{Abschreibungsbetrag}$$

$$\frac{91.000,\text{–} - 1000,\text{–}}{10} = 9.000,\text{–}$$

⇒ Wertverlust der Anlage nach sieben Jahren:
$9.000,\text{–} \cdot 10 = 90.000,\text{–}$

2.4 Produktionswirtschaft

> Die sechs Phasen der Planung: Begeisterung, Ernüchterung, Panik, Suche nach dem Schuldigen, Bestrafung der Unschuldigen, Auszeichnung der Nichtbeteiligten. Anonym

Überblick über die Thematik

Erläuterung der Begriffe Produktion und Planung

Sinn und Zweck aller wirtschaftlichen Bemühungen ist die Produktion von Gütern und Dienstleistungen, die aus einem Transformationsprozeß hervorgehen. Das bedeutet, Inputfaktoren (= Einbringungen) werden mit Hilfe von Betriebsmitteln in Outputfaktoren (= Ausbringungen) umgewandelt. Diesen Prozeß nennt man deshalb auch »Input-Output-Prozeß«. Die Produktion erfolgt planvoll, dem ökonomischen Prinzip folgend, d.h. Ressourcen sollen möglichst geschont werden. Um dieses Ziel erreichen zu können, ist es nötig, eine genaue Planung des Produktionsprozesses vorzunehmen, die dann auch eingehalten werden muß, bzw. bei Auftreten von Störungen und Planungsfehlern revidiert und korrigiert werden sollte. Bei der Planung des Produktionsprozesses ist der zeitliche Aspekt ausschlaggebend. Man unterscheidet zwischen einer kurzfristigen operativen und einer eher langfristigen strategisch-taktischen Planung. Die Kurzfristplanung kann bis in die Planung von Arbeitsminuten hineinreichen, wohingegen beim strategisch-taktischen Teil die Planung sich durchaus 10 bis 20 Jahre in die Zukunft hineinerstrecken kann. Zusammenfassend kann man sagen, daß unter Produktionswirtschaft die Planung und Durchführung sämtlicher Aktivitäten, die unmittelbar mit der Produktion von Gütern zusammenhängen, zu verstehen ist.

Produktions- und kostentheoretische Grundlagen

Produktionsfaktoren gliedert man in Potentialfaktoren, Humanfaktoren, Repetierfaktoren und dispositive Faktoren.

- Potentialfaktoren sind Betriebsmittel, die sich während des Produktionsprozesses nicht abnutzen, wie z.B. Gebäude, Grundstücke, Patente.
- Mit den Humanfaktoren erfaßt man die Arbeitskraft des Menschen, soweit sie nicht dem dispositiven Faktor zuzurechnen ist.
- Zu den Repetierfaktoren gehören Roh-, Hilfs- und Betriebsstoffe.
- Unter dispositiven Faktoren versteht man alle planerischen Aufgaben.

Die Produktionswirtschaft versucht, diese einzelnen Faktoren, die zusammen das Endprodukt ausmachen, in einer mathematisch greifbaren Form, in einer Funktion darzustellen. Diese Funktion heißt Produktionsfunktion.

Da Güter auf verschiedene Art und Weise mit verschiedenen Technologien und Verfahren hergestellt werden, ist es an dieser Stelle nicht angebracht und auch nicht möglich, alle Produktionsfunktionen darzustellen. Hier soll auf Grund der einfacheren Darstellung eine Produktionsfunktion nur graphisch dargestellt werden.

Eine Technologie, die Menge aller technisch möglichen Alternativen, ist für den einfachen Fall eines Inputs und eines Outputs folgendermaßen darstellbar (Grafik S. 52):

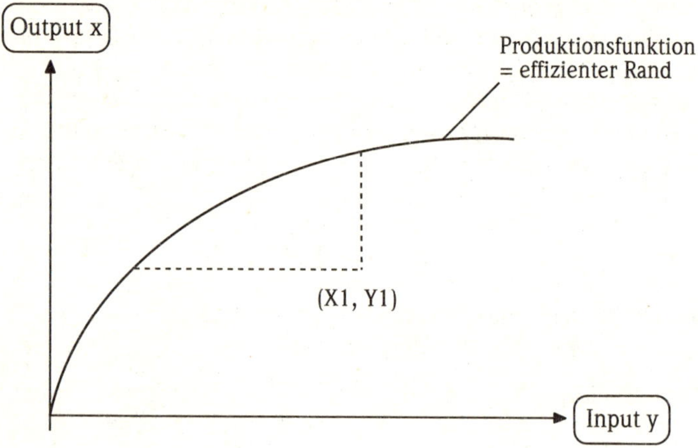

Allerdings ist nicht jede technisch mögliche Produktion ökonomisch gleich sinnvoll. Die technisch günstigsten Produktionen liegen nur auf der eingezeichneten Kurve, die auch Produktionsfunktion genannt wird.

Betrachten wir zum Beispiel den Punkt X_1, Y_1. Es wird deutlich, daß alle Produktionsmöglichkeiten, welche bei gleichem Output mit weniger Input auskommen (links) oder bei gleichem Input mehr Output hervorbringen (oben), der Produktionsmöglichkeit X_1, Y_1 vorzuziehen sind. Effizient sind also nur solche Produktionsmöglichkeiten, die auf der Produktionsfunktion liegen.

Nachdem wir uns auf technisch effiziente Produktionsmöglichkeiten geeinigt haben, wählen wir jetzt diejenige aus, die ökonomisch am günstigsten ist. Dazu bewerten wir die Inputfaktoren mit Preisen (i.d.R. als Beschaffungspreise interpretierbar).

Das Produktionsverfahren kann beispielsweise intensitätsmäßig variiert, d.h. die Produktionsgeschwindigkeit kann verändert werden. Es erscheint einleuchtend, daß verschiedene Produktionsgeschwindigkeiten unterschiedliche Produktionskosten verursachen. Also ist es sinnvoll, diejenige Produktionsgeschwindigkeit herauszufinden, die die geringsten Produktionskosten verursacht. Dazu benötigt man eine Kostenfunktion, die man aus der Produktionsfunktion ableiten kann. Die Art und Weise, wie das geschieht, soll hier nicht dargestellt werden, dies ist Inhalt der Veranstaltung Produktionswirtschaft. Für das Verständnis genügt es zu wissen, daß die Produktionsfunktion Grundlage für die Kostenfunktion ist und daß die Produktionswirtschaft versucht, die kostengünstigste Produktionsmöglichkeit mit Hilfe verschiedener mathematischer Verfahren zu finden.

Aufgaben der Produktionsplanung

Planung bedeutet zielgerichtetes Festlegen zukünftiger Handlungsweisen und läuft im allgemeinen als Entscheidungsprozeß ab, an dem viele Personen mitwirken. In diesem Zusammenhang ist festzuhalten, daß Planung nicht ein einmaliger Vorgang ist, der nach Vollzug beendet ist, vielmehr sollte Planung ein stetiger Prozeß sein. Man spricht auch vom »Regelkreis der Planung«. Planung kann je nach Fristigkeit in langfristige, mittelfristige und kurzfristige Produktionsplanung unterschieden werden. Eine andere Möglichkeit ist die Unterscheidung nach strategischer und operativer Planung.

Strategische Planung betrifft langfristige, für die gesamte Unternehmung maßgebliche Entscheidungen, die von der obersten Unternehmensebene getroffen werden.

Operative Planung hingegen umfaßt die kurz- und mittelfristigen Entscheidungen, die unter Berücksichtigung der strategischen Planung vom mittleren und unteren Management getroffen werden.

Die Aufgabe der Produktionswirtschaft ist es nun, die verschiedenen Pläne im Bereich der Produktion zu erstellen und die Planungsebenen optimal aufeinander abzustimmen. Um dieses Ziel zu erreichen, hat die Produktionswirtschaft einige Verfahren entwickelt, die dem Studenten im Grundstudium vermittelt werden sollen.

Hier soll anhand der optimalen Lagerhaltungsformel ein einfaches Planungsverfahren kurz dargestellt werden.

In den meisten Produktionsunternehmen entsteht bei der Bestellung von Rohstoffen bzw. von Produkten, die für die Produktion benötigt werden, folgendes Problem. Sollen große Mengen bestellt werden, dann können zwar Mengenrabatte bei der Bestellung realisiert werden, andererseits wird jedoch sehr viel Kapital in den Lagern des Unternehmens gebunden. Eine andere Möglichkeit wäre, nur geringe Mengen zu bestellen, wodurch keine Mengenrabatte realisierbar sind und gleichzeitig die Bestellkosten steigen, da öfters bestellt werden muß. Andererseits ist dadurch das in den Lagern gebundene Kapital wesentlich geringer. In unserem Modell sollen folgende Voraussetzungen gelten:

Die gesamten Lagerkosten pro Jahr setzen sich zusammen aus den bestellfixen Kosten (das sind die Kosten, die für die Bestellung notwendig sind, also z. B. Telefon- und Portokosten) und den Lagerkosten, die pro Jahr anfallen. Weitere Kosten wie Kapitalbindungskosten und ähnliches seien darin schon enthalten, oder werden, da geringfügig, vernachlässigt.

⇒ gesamte Kosten pro Jahr = bestellfixe Kosten pro Jahr + Lagerkosten pro Jahr

Die in den Formeln benutzten Variablen seien folgendermaßen definiert:

J = Bedarf pro Jahr [Stück]
F = bestellfixe Kosten [DM]
w = Wert pro Stück [DM/Stück]
l = Lagerkostensatz [in % p. a.], d. h. Lagerkosten pro Stück und Periode
b = Bestellmenge [Stück]

Die bestellfixen Kosten sind demnach:

J/b	Anzahl der Bestellungen pro Jahr
$(J/b) \cdot F$	Kosten aller Bestellungen

Die Lagerkosten:

$b/2$	im Durchschnitt gelagerte Menge
$(b/2) \cdot w$	durchschnittlicher Wert der gelagerten Menge
$(b/2) \cdot w \cdot l$	Lagerkosten pro Jahr

Die Gesamtkosten beinhalten also die Kosten aller Bestellungen und die Lagerkosten pro Jahr.

⇒ Gesamtkosten $K(b) = (J/b) \cdot F + (b/2) \cdot w \cdot l$

Optimierungsproblem, deshalb partielle Ableitung nach b und Null setzen

$\Rightarrow \frac{dK}{db} = -(J \cdot F)/b^2 + (w \cdot l)/2 = 0$

$\Rightarrow (w \cdot l)/2 = (J \cdot F)/b^2$

$\Rightarrow b_{opt} = [(2 \cdot J \cdot F)/(w \cdot l)]^{1/2}$

Einführung in das CIM-Konzept

Bei CIM (Computer Integrated Manufacturing) handelt es sich um eine der bedeutendsten Prozeßtechnologie-Verfahren der jüngsten Zeit. Hierbei wird der Versuch unternommen, alle Schnittstellen zwischen betriebswirtschaftlicher und technischer Informationsgewinnung und -verarbeitung zu vereinfachen und somit durch den Einsatz von EDV den Arbeitsablauf zu optimieren.
Die wichtigsten Komponenten des CIM-Konzeptes sind:

- CAD (Computer Aided Design)
- CAE (Computer Aided Engineering)
- CAQ (Computer Aided Quality Ensurance)
- PPS-System (Produktionsplanungs- und Steuerungssystem)

CIM kann durch konsequente Vorgangsketten und durch eine vom Anwendungsgebiet unabhängige Datenorganisation charakterisiert werden.

Konsequente Vorgangskette bedeutet, daß alle betrieblichen Abläufe unabhängig von den organisatorischen Strukturen in ein geschlossenes Informationssystem eingebettet sind und in ihrem Zusammenhang betrachtet werden.

Unter unabhängiger Datenorganisation versteht man, daß Datenstrukturen in einem datenbankgestützten Informationssystem so generell abgefaßt sind, daß sie für alle innerbetrieblichen Aufgaben zur Verfügung stehen.

Ein sinnvolles CIM-Konzept benötigt zusätzlich noch eine integrierte Kosten- und Erlösrechnung, um Vorgänge, Planungen und Alternativen in betriebswirtschaftlicher Hinsicht beurteilen zu können.

Klausuraufgabe für das Fach Produktionswirtschaft

Aufgabenstellung

In einer Dreherei werden zwei Drehmaschinen von einem Zwischenlager bedient. Jährlich werden 20 000 Stück von Produkt 1 und 22 500 Stück von Produkt 2 zwischengelagert. Beide Drehmaschinen werden kontinuierlich durch das innerbetriebliche Transportsystem beliefert. Aus der Kostenrechnung des Betriebes ist bekannt, daß der Wert der zu lagernden Produkte für Produkt 1 DM 100,– pro Stück und für Produkt 2 DM 50,– pro Stück beträgt. Die Bestellkosten für beide Produktarten betragen 10,– DM pro Bestellvorgang. Der kalkulatorische Zinssatz für die Lagerung betrage 10% p. a.

Berechnen Sie mit der klassischen Losgrößenformel für beide Produkte diejenige Bestellmenge, die am kostengünstigsten, d. h. optimal ist.

Erlaubte Hilfsmittel: keine
Bearbeitungszeit für Studenten nach dem 1. Fachsemester: ca. 15 Minuten

Musterlösung:

J = Bedarf pro Jahr [Stück]
F = bestellfixe Kosten [DM]
w = Wert pro Stück [DM/Stück]
l = Lagerkostensatz [in % p. a.], d. h. Lagerkosten pro Stück und Periode
b = Bestellmenge [Stück]

gesamte Kosten pro Jahr = bestellfixe Kosten pro Jahr + Lagerkosten pro Jahr

bestellfixe Kosten:

J/b	Anzahl der Bestellungen pro Jahr
$(J/b) \cdot F$	Kosten aller Bestellungen

Lagerkosten:

$b/2$	im Durchschnitt gelagerte Menge
$(b/2) \cdot w$	durchschnittlicher Wert der gelagerten Menge
$(b/2) \cdot w \cdot l$	Lagerkosten pro Jahr

$\Rightarrow$ Gesamtkosten $K(b) = (J/b) \cdot F + (b/2) \cdot w \cdot l$

Optimierungsproblem, deshalb partielle Ableitung nach b und Null setzen

$$\Rightarrow \frac{dK}{db} = -(J \cdot F)/b^2 + (w \cdot l)/2 = 0$$

$$\Rightarrow (w \cdot l)/2 = (J \cdot F)/b^2$$

$$\Rightarrow b_{opt} = [(2 \cdot J \cdot F)/(w \cdot l)]^{1/2}$$

$\Rightarrow$ für Produkt 1:

$$b_{opt1} = [(2 \cdot 20\,000 \cdot 10)/(100 \cdot 0{,}1)]^{1/2} = (40\,000)^{1/2} = 200$$

$\Rightarrow$ für Produkt 2:

$$b_{opt2} = [(2 \cdot 22\,500 \cdot 10)/(50 \cdot 0{,}1)]^{1/2} = (90\,000)^{1/2} = 300$$

2.5 Unternehmungspolitik

> Mitbestimmung: Die Suche nach dem kleinsten gemeinsamen Nenner.
> Wolfgang Eschker

Überblick über die Thematik

Einführung in die Unternehmungspolitik

Zu Beginn der Überlegungen soll abgeklärt werden, was eine Unternehmung ist. Die Betriebswirtschaftslehre versteht unter einer Unternehmung eine Organisationsform, die durch Kriterien wie Leitung nach kaufmännischen Grundsätzen, Übernahme des Marktrisikos und Fremdbedarfsdeckung gekennzeichnet ist.

»Politik« meint in diesem Zusammenhang die Beschäftigung mit der Frage, wie soziales Leben organisiert werden kann. Ferner werden Regeln und Vorschläge gemacht, wie Menschen interagieren können, und wie sie mit Wandel und Veränderungen umgehen.

Ziele und Zielbildungsprozesse in Unternehmen

Analyse und Gestaltung betrieblicher Zielsysteme

Innerhalb der Entscheidungstheorie unterscheidet man zwischen der deskriptiven und der präskriptiven Entscheidungstheorie. Die deskriptive Entscheidungstheorie versucht zu beschreiben, wie Entscheidungsprozesse innerbetrieblich ablaufen, wohingegen die präskriptive Entscheidungstheorie aufzeigt, wie Entscheidungen so zu treffen sind, daß die verfolgten Ziele auch effektiv realisiert werden. Im Rahmen der Unternehmungspolitik interessiert uns mehr der Ablauf des Entscheidungsprozesses, weniger die effiziente Entscheidungsfindung. Mit dieser Thematik beschäftigen sich im Hauptstudium ausführlich die meisten »Speziellen Betriebswirtschaftslehren« in bezug auf ihre jeweilige Problematik.

Die deskriptive Entscheidungstheorie entwickelte sich aus der kritischen Betrachtung der den meisten mikroökonomischen Modellen zugrundegelegten Annahmen über den Entscheidungsträger. Dieser wird als »homo oeconomicus« bezeichnet und ist durch folgende Eigenschaften gekennzeichnet:

- er besitzt ein wohldefiniertes, widerspruchsfreies Entscheidungssystem, welches sich im Zeitablauf nicht ändert, und reagiert sofort auf Veränderungen,
- das Streben nach dem maximalen Gewinn/Nutzen bestimmt all seine Handlungen,
- es herrscht vollkommene Markttransparenz, d.h. dem »homo oeconomicus« ist in allen Entscheidungssituationen bekannt, welche Folgen seine Entscheidungen haben, und welche Alternativen bestehen.

Der Zielbildungsprozeß nach Cyert und March

Da die oben genannten Eigenschaften des »homo oeconomicus« unrealistisch sind, haben Cyert und March folgendes Modell entwickelt: Entscheidungsträger in Unternehmungen haben in der Regel divergierende Zielvorstellungen. Verschiedene Gruppen von Individuen, z.B. Manager, Arbeitnehmer, Kapitaleigner oder Gewerkschafter haben unterschiedliche Vorstellungen darüber, welche Ziele das Unternehmen verfolgen soll. Deshalb muß in Verhandlungen eine Abstimmung untereinander herbeigeführt werden. Innerhalb dieses Verhandlungsprozesses sind einige Entscheider bereit, Ausgleichszahlungen an andere zu leisten, um als Gegenleistung deren Zustimmung für ihre eigenen Ziele zu erhalten. Standardbeispiel für eine solche Ausgleichszahlung ist die Bezahlung von Lohn und Gehalt an Arbeiter und Angestellte, die im Gegenzug dafür auf den Zielbildungsprozeß keinen direkten Einfluß mehr nehmen. Die übrigen Organisationsmitglieder setzen ihren Verhandlungsprozeß fort.

Bei dem Einigungsprozeß spielen nicht-operationale, d.h. nicht quantifizierbare Ziele eine große Rolle. Eine Zielformulierung wie zum Beispiel »Das Unternehmen setzt sich aktiv für Umweltschutz ein« einigt die Verhandlungsteilnehmer – wer ist schon gegen aktiven Umweltschutz? –, engt aber den Spielraum für spätere Entscheidungen nicht ein, da die Frage, was aktiver Umweltschutz ist, unbeantwortet bleibt.

Wenn dieser Prozeß abgeschlossen ist, müssen Ziele operationalisiert werden. Cyert und March gehen davon aus, daß Ziele als Zufriedenheitsniveaus formuliert werden. Ein Beispiel könnte lauten: »In der nächsten Abrechnungsperiode wollen wir die Personalkosten um 3% senken.« Eine erste Einigung der Verhandlungsteilnehmer hat stattgefunden, woraufhin ein Stabilisierungsprozeß einsetzt. Die eben gefundene Zielformulierung wird als Präzedenzfall für zukünftige Entscheidungen angesehen. Dadurch weisen Ziele viel mehr Stabilität auf, als es für eine Verhandlungssituation typisch ist.

Gemäß Cyert und March werden in Unternehmungen fünf Ziele als Zufriedenheitsniveau vorgegeben, nämlich jeweils ein Produktions-, Lagerhaltungs-, Marktanteils-, Umsatz- und Gewinnziel.

Diese Ziele sind aber nicht immer gleichzeitig erreichbar. Beispielsweise ist ein großer Marktanteil noch lange nicht mit hohem Gewinn gleichzusetzen. Es kann durchaus sein, daß mit einem geringen Marktanteil und einer ausgefeilten Nischenstrategie der Gewinn wesentlich höher ausfällt, als es mit einem großen Marktanteil, dafür aber einem harten Konkurrenzkampf je möglich wäre.

Die Verhandlungspartner sind aber aufgrund der großen Datenmengen gar nicht in der Lage, alle konfliktären Ziele miteinander abzustimmen. Vielmehr werden Quasi-Lösungen der Konflikte akzeptiert. Das aber setzt einen Mechanismus voraus, der die Unternehmung trotz der Zielkonflikte vor Handlungsunfähigkeit schützt. Dieser Mechanismus läuft im Grunde ganz einfach ab. Die konfliktären Ziele werden nicht alle auf einmal verfolgt, sondern sie werden mit einer unterschiedlichen Priorität versehen, um dann nach Maßgabe dieser Prioritäten sequentiell abgearbeitet zu werden. Diese Vorgehensweise sichert die Verfolgung aller Ziele, ohne daß Zielkonflikte zu unüberwindbaren Hindernissen werden.

Der Einfluß der Mitbestimmung auf Zielbildung und Unternehmungspolitik

Arbeitnehmer, Kapitalgeber, Konsumenten und Öffentlichkeit sind diejenigen Interessengruppen, die auf die Ziele und die Politik der Unternehmung Einfluß nehmen. Ursprünglich ging man davon aus, daß die natürlichen Kräfte des Marktes einer gerechten Verteilung der Einflußnahme förderlich sind. Schon bald zeigte sich jedoch, daß ein fairer Interessenausgleich nicht immer stattfand, und so wurden die Unternehmensverfassungen und Wirtschaftsordnungen schon bald geändert.

Kartellbildung und Konzentration von Marktmacht bei wenigen Unternehmungen führte zu einer Benachteiligung der Konsumenten. In der Folge wurden beispielsweise Wettbewerbsbeschränkungen, Gesetze gegen unlauteren Wettbewerb und das Produzentenhaftungsgesetz erlassen und z. B. das Recht der Allgemeinen Geschäftsbedingungen und die Baunutzungsverordnung geändert.

Die Interessen der Kapitaleigner und die der Öffentlichkeit, die anfänglich durch Eintragungen ins Handelsregister gesichert schienen, wurden durch Veröffentlichungspflichten der Unternehmen gestärkt.

Ebenfalls gestärkt werden mußten die Interessen der Arbeitnehmer. Arbeitsverträge, die Arbeitszeiten, Kündigungsfristen, Lohnhöhe, Urlaub und vieles andere mehr beinhalten, sind heute durch Gesetze und Tarifverträge geregelt. Gewerkschaften und Arbeitgeberverbände handeln Tarifverträge stellvertretend für Arbeitnehmer und Arbeitgeber im Rahmen von Arbeitskämpfen aus. Dabei bedienen sie sich auch der legitimen Mittel Streik und Aussperrung. Um die dennoch herrschende Übermacht der Arbeitgeberseite zu beseitigen, wurde die Mitbestimmung der Arbeitnehmer gesetzlich geregelt, und zwar im

- Mitbestimmungsgesetz,
- Montanmitbestimmungsgesetz und
- Betriebsverfassungsgesetz.

Zieldurchsetzung mittels unternehmungspolitischer Instrumente

Organisation

Arbeitsteilung, die in großen Unternehmungen zur Erfüllung der unternehmerischen Aufgaben nötig ist, erfordert eine Koordination der einzelnen Teilaufgaben. Diese Teilaufgaben werden auf Stellen verteilt, die nicht etwa von bestimmten Personen, sondern von verschiedenen Berufsbildern erfüllt werden. Die Vielfalt der verschiedenen Aufgaben und Berufe erfordert die Aufstellung von Regeln, um die Kompetenzen untereinander festzulegen. Es entstehen somit Hierarchiesysteme, die auf diesen formalen Regeln basieren. Durch die Verknüpfung von mehreren Systemen kommen Organisationsformen auf, die sich dann in Gestalt von Organigrammen schematisch darstellen lassen.

Hier ein Organigramm, das eine einfache Hierarchie darstellt:

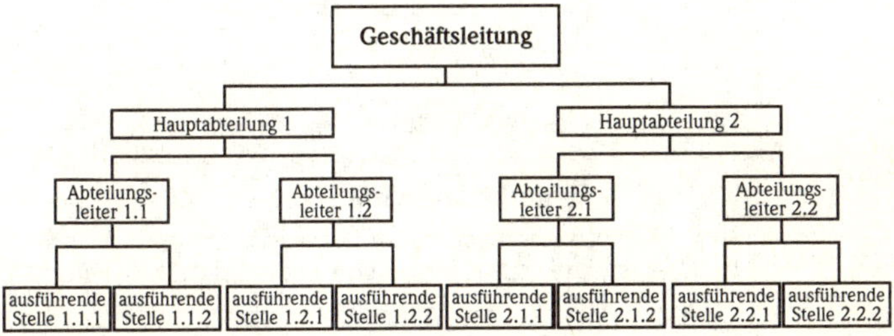

Führung von Mitarbeitern

Mitarbeiterführung ist ein Instrument zur Erreichung der Unternehmensziele durch Beeinflussung der Mitarbeiter. Diese Beeinflussung soll die Leistungsfähigkeit der Mitarbeiter fördern und die Motivation stärken. Anreize wie Lohnzahlung, Sozialleistungen und Möglichkeiten der Mitbestimmung sind die in der Praxis dazu am häufigsten eingesetzten Mittel. Daneben gibt es noch viele andere Möglichkeiten der Mitarbeiterführung, deren Aufzählung und Wirkungsweise in der Veranstaltung Unternehmungspolitik einen großen Stellenwert haben. Um Mitarbeiter motivieren zu können und ein Anreizsystem anzuwenden, welches auch wirksam ist, ist es nötig, die Bedürfnisse der Mitarbeiter zu kennen. Dazu hat Maslow eine humanistische Theorie der Arbeitsmotivation entwickelt. Er geht davon aus, daß das Verhalten von Individuen durch fünf Grundbedürfnisse beeinflußt wird. Als Voraussetzung dafür, daß ein höherrangiges Motiv überhaupt verhaltenswirksam werden kann, müssen die vorgelagerten Bedürfnisse erst einmal bis zu einem (individuell verschiedenen) Minimum befriedigt sein. Diese Theorie stellt Maslow in einer Bedürfnishierarchie dar, die im folgenden veranschaulicht und erklärt wird:

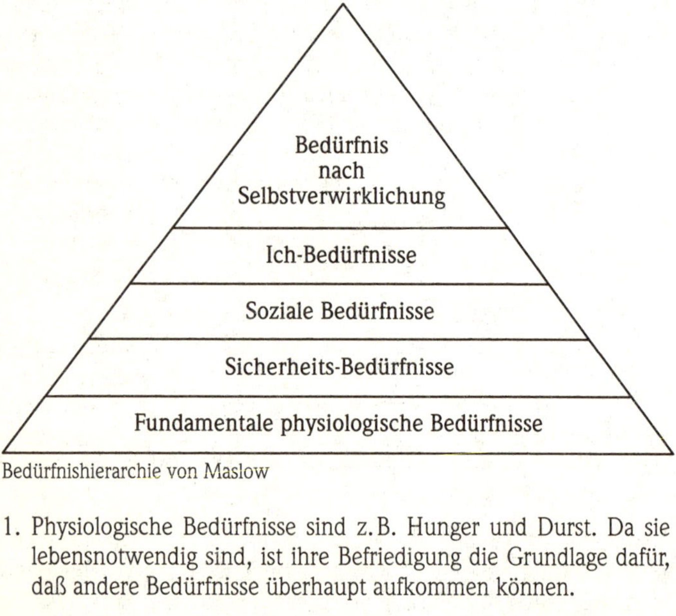

Bedürfnishierarchie von Maslow

1. Physiologische Bedürfnisse sind z. B. Hunger und Durst. Da sie lebensnotwendig sind, ist ihre Befriedigung die Grundlage dafür, daß andere Bedürfnisse überhaupt aufkommen können.

2. Sicherheitsbedürfnisse sind Bedürfnisse nach Schutz, Geborgenheit, Stabilität, d.h. das Bedürfnis nach Ordnung und Orientierung.
3. Das Individuum versucht, einer Gruppe anzugehören, in der es Zuneigung und Freundschaftsbeziehungen erfährt. Maslow nennt diese Bedürfnisse soziale Bedürfnisse.
4. Unter Ich-Bedürfnissen ist das Streben nach Prestige, Anerkennung durch andere, aber auch Selbstvertrauen zu verstehen.
5. Die Bedürfnishierarchie von Maslow wird von dem Bedürfnis nach Selbstverwirklichung und Selbstfindung angeführt.

Ethische Fragestellungen

Ethische Normen, die von der Gesellschaft aufgestellt werden, um zu gewährleisten, daß Mitglieder dieser Gesellschaft in gleichen oder ähnlichen Situationen bestimmte Handlungsweisen ausführen bzw. unterlassen, sollten so allgemein formuliert sein, daß eine spezielle Ethik wie Unternehmungsethik, Wirtschaftsethik oder Führungsethik nicht entwickelt werden muß. Dagegen spricht die oft vertretene Ansicht, daß besondere Umstände »Spezialmoralen« erfordern, die die allgemeinen ethischen Normen ergänzen. Besonders wichtig kann das in Bereichen sein, von denen eine Gefährdung oder Belastung für die gesamte Gesellschaft ausgehen kann, somit also auch in den uns besonders interessierenden Bereichen der Unternehmung, Wirtschaft und Führung.

Es wurden viele Versuche unternommen, Unternehmensethik zu definieren. Eine der umfassendsten Definitionen stammt von Steinmann und Oppenrieder:

> ***Definition:*** *Unternehmensethik ist die Gesamtheit der durch dialogische Verständigung mit den Betroffenen begründeten bzw. begründbaren Normen, die von einer Unternehmung im Sinne der Selbstbindung verbindlich in Kraft gesetzt werden, um die konfliktrelevanten Auswirkungen des Gewinnprinzips bei der Steuerung der Unternehmensaktivitäten zu begrenzen.*

Inwieweit der Anspruch, den eine solche Unternehmensethik an die Unternehmenspraxis stellt, erfüllt wird, muß eine kritische Überprüfung zeigen.

Klausuraufgabe für das Fach Unternehmungspolitik

Aufgabenstellung

Um im Rahmen der Mitarbeiterführung den Erfolg des angewandten Mittels (z. B. Einsatz des Mittels der Lohnerhöhung) zur Motivationssteigerung besser beurteilen zu können, ist es notwendig, die Bedürfnisstruktur der Mitarbeiter zu kennen. Maslow hat dazu die Theorie der Arbeitsmotivation entwickelt. Stellen sie diese Theorie kurz dar.

Erlaubte Hilfsmittel: keine
Bearbeitungszeit für Studenten nach dem 1. Fachsemester: ca. 10 Minuten

Musterlösung:
S. 62-63

Anmerkung: Von Studenten wird oftmals nicht nur die Wiedergabe einer erlernten Theorie, sondern auch der kritische Umgang mit den theoretischen Konzepten verlangt. Versuchen Sie deshalb, sich Gedanken über das Modell von Maslow zu machen und Kritik daran zu üben.

2.6 Mathematik für Wirtschaftswissenschaftler

> Große Probleme sollte man in Angriff nehmen, solange sie noch klein sind.
> Karl Schwarzer

Einführung in die Thematik

Betriebswirte verfolgen ganz allgemein das Ziel, betriebliche Vorgänge aller Art zu optimieren. Um diese Aufgabe bewältigen zu können, benötigen sie Hilfsmittel aus anderen Fachrichtungen. Deshalb stellt für die Betriebswirtschaftslehre die Mathematik eine Hilfswissenschaft dar, auf die auf keinen Fall verzichtet werden kann. In jedem Teilgebiet der Betriebswirtschaftslehre, auch in Teilgebieten wie Mar-

keting, Organisation oder Unternehmungspolitik, kommt der Betriebswirt früher oder später um den Gebrauch der Mathematik nicht herum. Als Grundvoraussetzung für das Studium der Betriebswirtschaftslehre sollten deshalb auf jeden Fall gute Kenntnisse in Mathematik, wie sie im Rahmen eines Grundkurses der gymnasialen Oberstufe vermittelt werden, vorhanden sein.
An den Universitäten werden für das Studium der Betriebswirtschaftslehre folgende mathematische Grundlagen vorausgesetzt:

- Differentialrechnung
- Grundkenntnisse der Integralrechnung
- Exponentialrechnung

Grundlagen der Differentialrechnung

Aufgrund der besonderen Wichtigkeit der Differentialrechnung hier noch einmal die wichtigsten Ableitungsregeln in Kurzform:

1. Funktion: $f(x) = a$; mit $a \varepsilon \mathbb{R}$
   Ableitung $\Rightarrow$ $f'(x) = 0$
2. Funktion: $(f(x) + a)$
   Ableitung: $\Rightarrow$ $(f(x) + a)' = f'(x)$
3. Funktion: $(a \cdot f(x) + b)$; mit $a, b \varepsilon \mathbb{R}$
   Ableitung: $\Rightarrow$ $(a \cdot f(x) + b)' = a \cdot f'(x)$
4. Funktion: $f(x) = x^n$
   Ableitung: $\Rightarrow$ $f'(x) = n \cdot x^{n-1}$
5. Funktion: $(f(x) + g(x))$
   Ableitung: $\Rightarrow$ $(f(x) + g(x))' = f'(x) + g'(x)$
6. Funktion: $(f(x) \cdot g(x))$ *(Produktregel)*
   Ableitung: $\Rightarrow$ $(f(x) \cdot g(x))' = f'(x) \cdot g(x) + f(x) \cdot g'(x)$
7. Funktion: $(f(x)/g(x))$ *(Quotientenregel)*
   Ableitung: $\Rightarrow$ $(f(x)/g(x))' = (f'(x) \cdot g(x) - f(x) \cdot g'(x))/g^2(x)$
8. Funktion: $f(g(x))$ *(Kettenregel)*
   Ableitung: $\Rightarrow$ $(f(g(x)))' = f'(g(x)) \cdot g'(x)$

Sind Sie im Umgang mit diesem Teilgebiet der Mathematik nicht oder nicht mehr geübt, sollten Sie Ihre Kenntnisse möglichst noch vor Studienbeginn auffrischen. Während des Studiums ist das schon aus zeitlichen Gründen kaum noch möglich. Viele Universitäten bieten vor Studienbeginn besondere Veranstaltungen an, in denen diese Grundlagen wiederholt werden. Nutzen Sie diese Angebote!

Das Fach Mathematik für Wirtschaftswissenschaftler umfaßt in der Regel folgende Teilgebiete:

- Determinantenberechnung
- Differentialrechnung
- Exponentialrechnung
- Gleichungssysteme mit Parametern
- Integralrechnung
- lineare Abhängigkeit und Unabhängigkeit
- Lineare Gleichungssysteme
- Lineare Programmierung
- Linearkombinationen
- Lösen von Matrizengleichungen
- Matrizeninversion
- Matrizenrechnung
- Ökonomische Anwendungen linearer Gleichungssysteme
- Rangberechnung
- Simplexalgorithmus
- Vektorraumtheorie

Wie das Wissen im Fach Mathematik im Rahmen des Grundstudiums vermittelt und geprüft wird, ist von Universität zu Universität sehr unterschiedlich. Zum Teil wird das gesamte Wissen, das im Rahmen der mathematischen Ausbildung vermittelt werden soll, direkt im Fach Mathematik gelehrt, oftmals aber auch in den Veranstaltungen der Volkswirtschaftslehre wie Makro- oder Mikroökonomie.

Klausuraufgabe für das Fach Mathematik

Aufgabenstellung

Gegeben sei folgende Funktion:
$f(x) = (\frac{1}{2} x^2 + 5x + 10) / (7x + 3)^3$
Bilden Sie die erste Ableitung dieser Funktion.

Erlaubte Hilfsmittel: keine
Bearbeitungszeit für Studenten nach dem 1. Fachsemester: ca. 15 Minuten
Hinweis: Diese Klausurfrage sollte von Ihnen ohne Probleme gelöst werden können. Bemerken Sie, daß Ihnen die Lösung der Aufgabe Probleme bereitet, wiederholen Sie unbedingt die Differentialrechnung. Notfalls sollten Sie von den an den meisten Universitäten angebotenen Einführungskursen in die Mathematik Gebrauch machen.

Musterlösung:

$f'(x) = ((x + 5) \cdot (7x + 3)^3) - (3 \cdot 7 \cdot (7x + 3)^2 \cdot (\frac{1}{2} x^2 + 5x + 10)) / (7x + 3)^6$
$= ((x + 5) \cdot (7x + 3)) - (21 \cdot (\frac{1}{2} x^2 + 5x + 10)) / (7x + 3)^4$
$= (7x^2 + 3x + 35x + 15 - 10{,}5x^2 - 105x - 210) / (7x + 3)^4$
$= (-3{,}5x^2 - 67x - 195) / (7x + 3)^4$

2.7 Recht für Wirtschaftswissenschaftler

> Man brauche gewöhnliche Worte und sage ungewöhnliche Dinge.
> Arthur Schopenhauer

Zunächst muß an dieser Stelle gesagt werden, daß für das Fach Recht für Wirtschaftswissenschaftler – genau wie für das Jurastudium auch – gilt, daß die deutsche Sprache sehr gut beherrscht werden muß. Das soll zunächst anhand eines Beispiels kurz dargelegt werden.

In der Umgangssprache werden die Wörter »das gleiche« und »dasselbe« sehr oft synonym benutzt. Die Juristen hingegen sind da sehr viel genauer.

Dazu hier eine kurze Erklärung anhand eines anschaulichen Beispiels: Frau Müller ist dabei, einen Kuchen zu backen. Als sie den Kuchenteig fast fertig hat, stellt sie fest, daß nicht mehr genug Mehl vorhanden ist. Kurz entschlossen geht sie zu ihrer Nachbarin, Frau Maier, und bekommt von ihr ein Kilogramm Mehl. Frau Müller verspricht, am nächsten Tag dasselbe Paket Frau Maier zurückzugeben.

Umgangssprachlich ist bisher alles ordnungsgemäß abgelaufen. Die Juristen sehen das jedoch etwas anders. Genau genommen dürfte Frau Müller ihren Kuchen gar nicht fertig backen, da sie versprochen hat, »dasselbe« Paket Mehl zurückzugeben. Genau das ist aber nach Vollendung des Kuchens nicht mehr möglich, da das Paket, das sie von Frau Maier bekommen hat, aufgebraucht ist. Sie hätte versprechen müssen, daß sie »das gleiche« (= ein gleiches) Paket am nächsten Tag zurückgeben werde, d.h. ein identisches Paket (z.B. auch gleicher Marke, nicht nur gleichwertig).

Überblick über die Thematik

Gegenstand der Veranstaltung »Recht für Wirtschaftswissenschaftler« ist in der Regel die Besprechung der grundlegenden Systematik und ausgewählter Probleme des Bürgerlichen Rechts und Handelsrechts anhand von Fallstudien. Auch Öffentliches Recht kann alternativ oder zusätzlich Inhalt der Veranstaltungen sein. Das Fach wird in der Regel über zwei Semester gelesen, wobei aufgrund des Umfangs des Stoffes erst im zweiten Semester mit der Bearbeitung von Fallstudien begonnen werden kann. Deshalb kann auch hier keine Fallstudie behandelt werden.

Bürgerliches Recht

Das Bürgerliche Recht ist im Bürgerlichen Gesetzbuch (= BGB) verankert. Das BGB ist das Ergebnis der Entwicklung des deutschen auf der Basis des römischen Rechts. Deshalb ist es, trotz der gesellschaftlichen, staatlichen, technischen und wirtschaftlichen Weiterentwicklungen dieses Jahrhunderts, seit dem Jahr 1900 in seinen wichtigsten Teilen fast unverändert gültig.

Als direkte Folge davon ist es zunächst für den Laien nur sehr schwer verständlich, da es fast keine Einzelfallregelungen enthält, sondern so allgemein gehaltene Regelungen, daß sie für eine große Zahl ähnlicher Fälle angewendet werden können. Im Einzelfall bedarf eine Entscheidung der würdigenden und abwägenden Beurteilung aller relevanten Umstände. Die Vermittlung regelmäßig zu berücksichtigender Umstandskategorien gehört zum Lehrinhalt.

Aufbau und Inhalt des BGB

Das BGB besteht aus insgesamt fünf Büchern (Abschnitten):

1. Allgemeiner Teil des BGB (§§ 1 – 240 BGB)
2. Schuldrecht
   - Allgemeines Schuldrecht (§§ 241 – 432 BGB) und
   - Besonderes Schuldrecht (§§ 433 – 853 BGB)
3. Sachenrecht (§§ 854 – 1296 BGB)
4. Familienrecht (§§ 1297 – 1921 BGB)
5. Erbrecht (§§ 1922 – 2385 BGB)

Im Allgemeinen Teil des BGB sind solche Themenkreise geregelt, die für alle vier folgenden Teilgebiete relevant sind. Die Rechtsvorschriften in diesem Teil haben jedoch darüber hinaus für das gesamte Privatrecht, wie z. B. für das Arbeits-, Handels-, Gesellschafts-, und Wertpapierrecht Gültigkeit. Ganz allgemein kann man also sagen, daß, solange ein anderes spezielles Rechtsgebiet nichts anderes aussagt, der Allgemeine Teil des BGB anzuwenden ist.

Beispielsweise § 1 BGB:

> § 1 (Beginn der Rechtsfähigkeit)
> Die Rechtsfähigkeit des Menschen beginnt mit der Vollendung der Geburt.

Dieser Paragraph ist für alle Rechtsgebiete des deutschen Rechts uneingeschränkt gültig, es gibt keine Ausnahme.

Ganz anders verhält sich das mit der Verjährung. Dazu die §§ 194, Abs. 1 und 195 BGB:

§ 194 Abs. 1 BGB (Gegenstand der Verjährung)
Das Recht, von einem anderen ein Tun oder ein Unterlassen zu verlangen (= Anspruch), unterliegt der Verjährung.

§ 195 BGB (Regelmäßige Verjährungsfrist)
Die Regelmäßige Verjährungsfrist beträgt dreißig Jahre.

⇒ Allgemein verjähren gemäß BGB Ansprüche nach dreißig Jahren.

Das Handelsgesetzbuch (HGB), das hauptsächlich für das Verhältnis von Kaufleuten untereinander Gültigkeit hat, sieht jedoch in einem speziellen Fall etwas anderes vor. Dazu § 88 HGB:

§ 88 HGB (Verjährung der Ansprüche)
Die Ansprüche aus dem Vertragsverhältnis verjähren in vier Jahren, beginnend mit dem Schluß des Jahres, in dem sie fällig geworden sind.

⇒ Speziell in diesem Fall, also für Kaufleute, die einen Anspruch aus einem Vertragsverhältnis haben, beträgt die Verjährungsfrist nur vier Jahre.

Handelsrecht

Das Handelsgesetzbuch enthält ein Sonderrecht für die wirtschaftlichen Betätigungen einiger gewerblicher Unternehmer. Warum nicht aller gewerblicher Unternehmer, wird klar, wenn man § 4 HGB betrachtet.

§ 4 Abs. 1 HGB (Minderkaufmann)
Die Vorschriften über die Firmen, die Handelsbücher und die Prokura finden keine Anwendung auf Personen, deren Gewerbebetrieb nach Art oder Umfang einen in kaufmännischer Weise eingerichteten Geschäftsbetrieb nicht erfordert.

Aufbau und Inhalt des HGB

Das Handelsgesetzbuch ist in fünf Bücher aufgeteilt:
1. Handelsstand (§§ 1 – 104 HGB)
2. Handelsgesellschaften und stille Gesellschaft (§§ 105 – 237 HGB)

3. Handelsbücher (§§ 238 – 340 HGB)
4. Handelsgeschäfte (§§ 343 – 460 HGB)
5. Seehandel (§§ 474 – 905 HGB)

Der Abschnitt 5 (Seehandel) wird in den gebräuchlichen Ausgaben des HGB i. d. R. nicht abgedruckt.

Von besonderer Wichtigkeit für die Anwendung des Handelsrechts ist, wer überhaupt unter die Sonderregelungen des HGB fällt. Deshalb hat der Gesetzgeber dies auch gleich im ersten Buch festgeschrieben.

• *Kaufmannsarten*

Gemäß § 1 Abs. 1 HGB ist derjenige Kaufmann, der ein Handelsgewerbe betreibt.

> § 1 Abs. 1 HGB (Mußkaufmann)
> Kaufmann im Sinne des HGB ist, wer ein Handelsgewerbe betreibt.

Das ist allerdings nicht die einzige Voraussetzung, die der Gesetzgeber nennt. Daneben gibt es noch andere Gründe, gemäß denen man als Kaufmann gilt. Der Gesetzgeber unterscheidet dabei im einzelnen:

1. Kaufleute kraft Grundhandelsgewerbe (Mußkaufleute)

   Als Grundhandelsgewerbe gelten laut § 1 Abs. 2 HGB folgende Vorgänge:
   - die Anschaffung und Weiterveräußerung von beweglichen Sachen (Waren) oder Wertpapieren
   - die Übernahme der Bearbeitung oder Verarbeitung von Waren für andere
   - die Übernahme von Versicherungen gegen Prämie
   - die Bankier- und Geldwechslergeschäfte
   - die Übernahme der Beförderung von Gütern oder Reisenden zu See
   - die Geschäfte der Kommissionäre, der Spediteure und der Lagerhalter
   - die Geschäfte der Handelsvertreter oder der Handelsmakler
   - die Verlagsgeschäfte
   - die Geschäfte der Druckereien

2. Kaufleute kraft pflichtgemäßer Eintragung ins Handelsregister (Sollkaufleute)

   Dazu gehören nach § 2 HGB handwerkliche oder gewerbliche Unternehmen, die zwar kein Grundhandelsgewerbe betreiben, aber nach Art und Umfang einen in kaufmännischer Weise eingerichteten Geschäftsbetrieb erfordern.

3. Kaufleute kraft freiwilliger Eintragung ins Handelsregister (Kannkaufleute)

   § 3 Abs. 2 HGB sieht vor, daß Unternehmen der Forst- und Landwirtschaft berechtigt, aber nicht verpflichtet sind, eine Eintragung in das Handelsregister vorzunehmen. Hier besteht also eine gewisse Auswahlmöglichkeit.

4. Kaufleute kraft Rechtsform der Unternehmung (Formkaufleute)

   Kapitalgesellschaften, Genossenschaften und Versicherungsvereine auf Gegenseitigkeit werden ohne Rücksicht auf den Gegenstand des Unternehmens Kaufmann, da sie vor Eintragung in das Handels- bzw. Genossenschaftsregister als Kapitalgesellschaft, Genossenschaft oder Versicherungsverein nicht bestehen (§ 6 HGB).

Klausuraufgabe für das Fach Recht für Wirtschaftswissenschaftler

Aufgabenstellung

Stellen Sie fest, ob die im folgenden genannten Unternehmen und Berufsgruppen Kaufleute im Sinne des Handelsgesetzbuches sind. Begründen Sie ihre Entscheidung unter Benutzung des HGBs.

1. Kreditinstitut »Leihnix AG«
2. Hans Meier, der auf Jahrmärkten Kinder auf seinem Esel reiten läßt. Der Esel stellt sein gesamtes Betriebskapital dar.
3. Bauer Schulze gründet mit seinem Sohn eine Kommanditgesellschaft, die »Herbert Müller Agrar KG«.
4. Spedition »Egon Müller GmbH«
5. Warenhaus »Karin Kefer«
6. Bauunternehmer »Karl Roth«

Erlaubte Hilfsmittel: BGB, HGB
Bearbeitungszeit für Studenten nach dem 1. Fachsemester: ca. 15 Minuten

Musterlösung:

ad 1. Kreditinstitut »Leihnix AG«
Kreditinstitute sind gemäß § 1 Abs. 2 Ziff. 1,4 und 6 HGB Kaufleute. Die »Leihnix AG« ist zudem noch aufgrund § 6 HGB Kaufmann, da eine Aktiengesellschaft eine Kapitalgesellschaft ist.

ad 2. Hans Meier
Hans Meier transportiert zwar Kinder zu Lande und könnte somit Kaufmann gemäß § 1 Abs. 2 Ziff. 5 sein. Seine Tätigkeit erfordert aber keinen in kaufmännischer Weise eingerichteten Geschäftsbetrieb, und deshalb gelten die Vorschriften über die Firma, die Handelsbücher und die Prokura für ihn nicht. Die Gewerbetreibenden sind zwar Kaufleute kraft Grundhandelsgewerbe, sie werden jedoch nicht ins Handelsregister eingetragen und können als Minderkaufleute auch keine Handelsgesellschaft gründen.

ad 3. Bauer Schulze
Bauer Schulze und sein Sohn können sich als landwirtschaftliches Unternehmen freiwillig ins Handelsregister eintragen lassen: § 3 Abs. 2 HGB. Eine Kommanditgesellschaft ist keine Kapitalgesellschaft, weshalb § 6 HGB nicht anwendbar ist.

ad 4. Spedition »Egon Müller GmbH«
Der Spediteur ist gemäß § 1 Abs. 2 Ziff. 6 Kaufmann. Des weiteren ist er Kaufmann gemäß § 6 HGB.

ad 5. Warenhaus »Karin Kefer«
Die Kaufmannseigenschaft ist durch § 1 Abs. 2 Ziffer 1 begründet.

ad 6. Bauunternehmer Karl Roth
Eine Bauunternehmung ist kein Grundhandelsgewerbe, aber sie erfordert einen kaufmännisch eingerichteten Geschäftsbetrieb. Die Unternehmer sind verpflichtet, eine Eintragung in das Handelsregister herbeizuführen (§ 2 HGB). Diese Unternehmer werden durch die Eintragung in das Handelsregister Kaufleute.

2.8 Statistik für Wirtschaftswissenschaftler

> Meinungsforschung: Die Kunst, die Meinung des Auftraggebers zu erforschen und sie durch unverdächtige Zeugen belegen zu lassen.
>
> Anonym

Überblick über die Thematik

Das Fach Statistik setzt sich aus verschiedenen Teilgebieten zusammen, die von Universität zu Universität in ihrer Gewichtung unterschiedlich sein können. Diese Gebiete sind:

- Bevölkerungs- und Wirtschaftsstatistik
- Deskriptive Statistik
- Wahrscheinlichkeitsrechnung und Induktive Statistik

Im allgemeinen werden besondere Schwerpunkte auf die Wahrscheinlichkeitsrechnung und induktive Statistik gelegt, da das Wissen dieser Bereiche von den Betriebswirten auch in anderen Disziplinen benötigt wird. Für keines der vier Teilfächer sind spezielle Voraussetzungen erforderlich (außer den elementaren mathematischen Grundkenntnissen, wie sie an allen höheren Schulen im normalen Unterricht vermittelt werden).

Bevölkerungs- und Wirtschaftsstatistik

Ein Themengebiet der Bevölkerungs- und Wirtschaftsstatistik ist die Arbeitsweise der amtlichen Statistik.

Die amtliche Statistik ist die Statistik, die von den staatlichen Behörden betrieben wird. Im Gegenzug dazu gibt es noch die nichtamtlichen Statistiken, die von privaten Unternehmen erstellt werden, z. B. von Krankenkassen oder von den Industrie- und Handelskammern.

Bis auf wenige Ausnahmen (z. B. Arbeitslosenstatistik) ist die amtliche Statistik nach dem Prinzip der fachlichen Zentralisation und der regionalen Dezentralisation organisiert. Das Prinzip der fachlichen Zentralisation bedeutet, daß bestimmte Behörden die gesamte statistische Arbeit über alle Ressortgrenzen hinweg erledigen. Das sind:

- das Statistische Bundesamt in Wiesbaden
- die statistischen Länderämter in den einzelnen Bundesländern
- die statistischen Ämter in den Kommunen

Das Prinzip der regionalen Dezentralisation bedeutet, daß das Statistische Bundesamt nur Koordinationsfunktion hat, d. h. es wacht über die Einheitlichkeit und die Fortentwicklung der methodischen Arbeit und es führt die Bundesstatistik. Die praktische Arbeit leisten die statistischen Landesämter, die dazu eigene regionale Erhebungen durchführen.

Für viele Befragte, in der Hauptsache Unternehmen, aber auch Privatpersonen, gibt es eine gesetzliche Auskunftspflicht, wobei eine Geheimhaltungspflicht der amtlichen Statistik besteht. Im einzelnen bedeutet das zum Beispiel, daß keine Einzeldaten veröffentlicht werden dürfen, sondern immer nur Zusammenfassungen von mindestens drei Einzeldaten. Die amtliche Statistik sammelt nicht nur Informationen, um Statistiken erstellen zu können, sondern veröffentlicht diese Statistiken auch. Es gibt sogar eine gesetzliche Informationspflicht für die Öffentlichkeit, der zum Beispiel durch das Statistische Jahrbuch nachgekommen wird.

Weitere Inhalte der Bevölkerungs- und Wirtschaftsstatistik sind:

- Arbeitsmarktstatistik
- Bevölkerungsstatistik
- Preisstatistik
- Statistik des warenproduzierenden Gewerbes
- Volkswirtschaftliche Gesamtrechnungen

Deskriptive Statistik

Hier zunächst ein paar Begriffe der Deskriptiven Statistik, die dem Studierenden im Fach Statistik immer wieder begegnen:

- »Untersuchungseinheiten« sind die Elemente der Untersuchungsgesamtheit.
- »Erhebungseinheiten« sind Elemente der Erhebungsgesamtheit.
- Ein »Merkmal« ist die interessierende Eigenschaft der Untersuchungseinheit.

- »Merkmalsausprägungen« sind z.B. bei Haaren die Farben Rot, Braun, Schwarz, Blond.
- »Merkmalsträger« sind die Untersuchungseinheiten, die das Merkmal tragen.

Die Deskriptive Statistik behandelt vor allem folgende Gebiete der Statistik:

- Abhängigkeitsmaße
- Häufigkeitsverteilungen
- Indizes
- Konzentrationsmessung
- Mittelwerte
- Streuungsmaße
- Summenkurven
- Zeitreihen

Zunächst soll die Deskriptive Statistik von der Induktiven Statistik abgegrenzt werden.
In der deskriptiven Statistik geht man immer davon aus, daß eine Vollerhebung durchgeführt worden ist.

- Vollerhebung: alle Untersuchungseinheiten, die das Merkmal tragen, werden erfaßt, z.B. Volkszählung.
- Teilerhebung: mit Hilfe von Stichproben wird versucht, auf die Untersuchungsgesamtheit zu schließen.

Hier soll nur kurz auf die Skalierung von Merkmalen eingegangen werden. Bei Merkmalen unterscheidet man zwischen qualitativen und quantitativen Merkmalen.

- qualitative Merkmale:
  a) normal skalierte Merkmale, die objektiv feststellbar sind, z.B. bei der Haarfarbe (braun, blond, schwarz, rot).
  b) ordinal skalierte Merkmale, bei der eine subjektiv zwingende Rangfolge festlegbar ist, so zum Beispiel bei Weinqualität oder Schulnoten.
  Es kann, um auf das Beispiel mit den Schulnoten zurückzukommen, nicht gesagt werden, daß eine Eins um soundsovielmal besser ist als eine Zwei.

- quantitative Merkmale (= metrische Merkmale) sind Element der Rationalen Zahlen, was zur Folge hat, daß die Differenzen zwischen den Merkmalsausprägungen vergleichbar und interpretierbar sind.
  a) diskrete Merkmale sind solche Merkmale, bei denen nur isolierte Zahlenausprägungen vorkommen, z. B. Würfelergebnis (1, 2, 3, 4, 5, 6)
  b) stetige Merkmale sind solche Merkmale, die in einem bestimmten Intervall vorkommen, z. B. Körpergröße (175 cm kann bedeuten 174,5 cm; 174,6 cm; ... 175,0 cm; ...; 175,49 cm)

Wahrscheinlichkeitsrechnung und Induktive Statistik

Im Fach Wahrscheinlichkeitsrechnung und Induktive Statistik hat sich der Student mit folgenden Themengebieten auseinanderzusetzen:

- Bestimmung von Stichprobenumfängen
- Binomialverteilung
- Ereignisse
- Erwartungswerte
- Grundbegriffe des Signifikanztests
- Gütefunktion
- Hypergeometrische Verteilung
- Hypothesenprüfung
- Konfidenzintervalle
- Normalverteilung
- Regressionsrechnung
- Schätzfunktionen
- Spezielle Signifikanztests
- Spezielle Verteilungen
- Stichproben aus Grundgesamtheiten

Da das Vorwissen der Studenten im Fach Statistik je nachdem, ob das Fach am Gymnasium unterrichtet wurde oder nicht, sehr unterschiedlich ist, kann hier auf schwierige statistische Problemstellungen nicht eingegangen werden. Deshalb wird am Beispiel des Konzeptes des Erwartungswertes, welches innerhalb des Studiums der Betriebswirtschaftslehre immer wieder auftritt und deshalb auch oft vorausgesetzt wird, zu zeigen versucht, mit was in Wahrscheinlichkeitsrechnung und Induktiver Statistik zu rechnen ist.

Stellen Sie sich vor, Sie leiten eine Spielbank, bei der folgendes Würfelspiel durchgeführt wird. Gespielt wird mit drei fairen Würfeln. Fairer Würfel bedeutet, daß an den Würfeln keine Manipulation vorgenommen wurde, d. h. daß die Wahrscheinlichkeit dafür, daß eine »1« auftritt, genauso groß ist wie die Wahrscheinlichkeit dafür, daß eine »2«, »3«, ..., »6« auftritt. Gewonnen hat einer dann, wenn er bei einem Wurf entweder drei 6er oder zwei 6er würfelt. Ansonsten geht der Einsatz des Spielers verloren. Beim Würfeln von drei 6ern bei einem Wurf erhält der Spieler 50,– DM, beim Würfeln von zwei 6ern nur noch 5,– DM. Als Leiter der Spielbank sind Sie verpflichtet, die Spielbedingungen so zu gestalten, daß die Einsätze der Spieler langfristig die Auszahlungen der Spielbank ausgleichen. Demnach stehen Sie vor dem Problem, die Mindesteinsatzhöhe zu ermitteln.

Der Auszahlungsbetrag a, den ein Spieler erhält, kann die Ausprägungen 0,– DM, 5,– DM oder 50,– DM annehmen. Ein Ausgleich tritt nur dann ein, wenn der Spieleinsatz e gleich hoch ist wie die im langfristigen Mittel zu erwartenden Auszahlungen.

$\Rightarrow e = \text{Erwartungswert} = EZ = 0 \cdot W(Z = 0) + 5 \cdot W(Z = 5) + 50 \cdot W(Z = 50)$

»$W(Z = 0)$« bedeutet die Wahrscheinlichkeit, daß $Z = 0$ ist.

Wie wir bereits wissen, handelt es sich um faire Würfel, also beträgt die Wahrscheinlichkeit für jede Ausprägung 1/6, und die Zahl, die sich bei jedem Würfel ergibt, ist unabhängig von den Zahlen, die bei den anderen beiden Würfeln erscheinen.

$Z = 50$ tritt dann ein, wenn beim ersten, zweiten und dritten Würfel eine Sechs erscheint.

$Z = 5$ tritt dann ein, wenn beim ersten und zweiten Würfel eine Sechs erscheint. Die Zahl des dritten Würfels spielt dann keine Rolle.

$Z = 5$ tritt dann ein, wenn beim ersten und dritten Würfel eine Sechs erscheint. Die Zahl des zweiten Würfels spielt dann keine Rolle.

$Z = 5$ tritt dann ein, wenn beim zweiten und dritten Würfel eine Sechs erscheint. Die Zahl des ersten Würfels spielt dann keine Rolle.

$Z = 0$ tritt in allen anderen Fällen ein.

Bei Darstellung in mathematischer Schreibweise sieht das so aus:

$$\begin{aligned} \{Z = 50\} &= \{Z_1 = 6, Z_2 = 6, Z_3 = 6\} \\ \{Z = 5\} &= \{Z_1 = 6, Z_2 = 6, Z_3 \leq 5\} \\ &\cup \{Z_1 = 6, Z_2 \leq 5, Z_3 = 6\} \\ &\cup \{Z_1 \leq 5, Z_2 = 6, Z_3 = 6\} \end{aligned}$$

$$\begin{aligned} \Rightarrow W(Z = 50) &= (1/6)^3 = 1/216 \\ W(Z = 5) &= 3 \cdot (1/6)^2 \cdot 5/6 = 15/216 \\ W(Z = 0) &= 1 - W(Z = 50) - W(Z = 5) = 1 - 1/216 - 15/216 \\ &= 200/16 \end{aligned}$$

$\Rightarrow$ für den Erwartungswert EZ ergibt sich dann:

$$EZ = 0 \cdot 200/16 + 5 \cdot 15/216 + 50 \cdot 1/216 = 0{,}579$$

Das bedeutet: für das Spielkasino muß der Mindesteinsatz bei 0,58 DM liegen, damit langfristig die Einsätze die Auszahlungen ausgleichen. Aus praktischen Gründen werden Sie den Mindesteinsatz wohl auf 1,– DM pro Spiel festlegen.

Klausuraufgabe für das Fach Statistik

Aufgabenstellung

Stellen Sie sich vor, Sie leiten eine Spielbank, bei der folgendes Würfelspiel durchgeführt wird. Gespielt wird mit vier fairen Würfeln. Gewonnen hat ein Spieler dann, wenn er bei einem Wurf entweder drei 6er oder vier 6er würfelt. Ansonsten geht der Einsatz des Spielers verloren. Beim Würfeln von drei 6ern bei einem Wurf erhält der Spieler 100,– DM, beim Würfeln von vier 6ern 1000,– DM. Als Leiter der Spielbank sind Sie verpflichtet, die Spielbedingungen so zu gestalten, daß die Einsätze der Spieler langfristig die Auszahlungen der Spielbank ausgleichen. Demnach stehen Sie vor dem Problem, die Mindesteinsatzhöhe zu ermitteln.

Erlaubte Hilfsmittel: keine
Bearbeitungszeit für Studenten nach dem 1. Fachsemester: ca. 15 Minuten

Hinweis: Diese Klausurfrage kann von Ihnen gelöst werden, wenn Sie den vorangegangenen Text sorgfältig gelesen haben. Lassen Sie sich von dem vierten Würfel nicht abschrecken!

Musterlösung:

Der Auszahlungsbetrag a, den ein Spieler erhält, kann die Ausprägungen 0,– DM, 100,– DM oder 1000,– DM annehmen. Ein Ausgleich tritt nur dann ein, wenn der Spieleinsatz e gleich hoch ist wie die im langfristigen Mittel zu erwartenden Auszahlungen.

$\Rightarrow e = \text{Erwartungswert} = EZ = 0 \cdot W(Z = 0) + 100 \cdot W(Z = 100)$
$\quad + 1000 \cdot W(Z = 1000)$

Es handelt sich um faire Würfel, also beträgt die Wahrscheinlichkeit für jede Ausprägung 1/6, und die Zahl, die sich bei jedem Würfel ergibt, ist unabhängig von den Zahlen, die bei den anderen Würfeln erscheinen.

Z = 1000 tritt dann ein, wenn beim ersten, zweiten, dritten und vierten Würfel eine sechs erscheint.
Z = 100 tritt dann ein, wenn bei drei Würfeln eine sechs erscheint. Die Zahl des vierten Würfels spielt dann keine Rolle mehr.
Z = 0 tritt in allen anderen Fällen ein.

Bei Darstellung in mathematischer Schreibweise sieht das folgendermaßen aus:

$$\{Z = 1000\} = \{Z_1 = 6, Z_2 = 6, Z_3 = 6, Z_4 = 6\}$$

$$\begin{aligned}\{Z = 100\} = &\{Z_1 = 6, Z_2 = 6, Z_3 = 6, Z_4 \leq 5\}\\ \cup &\{Z_1 = 6, Z_2 = 6, Z_3 \leq 5, Z_4 = 6\}\\ \cup &\{Z_1 = 6, Z_2 \leq 5, Z_3 = 6, Z_4 = 6\}\\ \cup &\{Z_1 \leq 5, Z_2 = 6, Z_3 = 6, Z_4 = 6\}\end{aligned}$$

$$\begin{aligned}\Rightarrow\ & W(Z = 1000) = (1/6)^4 = 1/1296\\ & W(Z = 100) = 4 \cdot (1/6)^3 \cdot 5/6 = 4 \cdot 1/216 \cdot 5/6 = 20/1296\\ & W(Z = 0) = 1 - W(Z = 1000) - W(Z = 100)\\ & = 1 - 1/1296 - 20/1296\\ & = 1 - 21/1296 = 1275/1296 = 0{,}9837962\end{aligned}$$

$\Rightarrow$ für den Erwartungswert EZ ergibt sich dann:

$$EZ = 0 \cdot 1275/1296 + 100 \cdot 20/1296 + 1000 \cdot 1/1296 = 3000/1296 = 2{,}32$$

Das bedeutet: für das Spielkasino muß der Mindesteinsatz bei 2,32 DM liegen, damit langfristig die Einsätze die Auszahlungen ausgleichen. Sie werden damit den Mindesteinsatz wohl auf 2,50 DM pro Spiel festlegen.

2.9 Volkswirtschaftslehre

> Volkswirtschaftler: Einer, der alle Lösungen für die Probleme des vergangenen Jahres kennt.
> Anonym

Überblick über die Thematik

Die Veranstaltungen der Volkswirtschaftslehre geben im Grundstudium eine Einführung in die theoretische Analyse gesamtwirtschaftlicher und einzelwirtschaftlicher Prozesse. Im Mittelpunkt der Makroökonomik stehen dabei die Grundmodelle der Geld- und Beschäftigungstheorie und die Problematik eines gesamtwirtschaftlichen Gleichgewichtes. Im Rahmen der Mikroökonomik werden die theoretischen Grundlagen einzelwirtschaftlichen Verhaltens von Unternehmen und Haushalten und deren Zusammenwirken in Märkten behandelt. Der Schwerpunkt liegt dabei auf der methodischen Seite (Einführung von ökonomischen Begriffen und Konzepten, die eine Formalisierung, also eine präzise Sprache erlauben). Sofern dies von der Gestaltung des Studienplans her möglich ist, sollte zuerst die Veranstaltung der Mikroökonomik und erst im Anschluß daran die der Makroökonomik besucht werden, da der Grundstock für viele Konzepte und theoretische Ansätze, die in der Makroökonomik verwendet werden, in der Mikroökonomik gelegt werden. Wie man unten erkennen kann, ist das Programm, welches in der Volkswirtschaftslehre für die Studenten der Betriebswirtschaftslehre zu absolvieren ist, sehr umfangreich. Deshalb werden die Veranstaltungen der Makro- und Mikroökonomik oftmals in zweisemestrigen Zyklen abgehalten.

Makroökonomik

Zu Beginn der Veranstaltung werden Grundbegriffe der Makroökonomik erklärt, so z.B.:

- exogene (unabhängige) und endogene (abhängige) Variablen
- ex post- und ex ante-Analyse
- Definition von gesamtwirtschaftlichem Angebot, Nachfrage und Marktgleichgewicht

Danach werden verschiedene, für die Makroökonomik wichtige Funktionen erläutert. Darunter fallen:

- Produktionsfunktion,
- Konsumfunktion und
- die Investitionsfunktion.
- Das Geldangebot und die Geldnachfrage werden bestimmt und
- die bisher genannten Elemente werden im IS-LM-Modell zum Grundmodell der Beschäftigungstheorie zusammengeführt.

Sind diese Grundlagen gelegt, wird
- in die Rolle des Staates und des Auslandes im beschäftigungstheoretischen Grundmodell eingeführt,
- die Analyse des Geldangebots mit einer Diskussion von Geldschöpfung und Geldpolitik vertieft,
- die Rolle von Inflation und Erwartungsbildung mit ihren Auswirkungen auf Arbeitsmarkt- und Lohnpolitik erörtert, und schließlich
- wird mit einer vergleichenden Diskussion wirtschaftspolitischer Doktrinen die These abgeschlossen.

Angebot, Nachfrage und Marktgleichgewicht

Zunächst wollen wir Angebot und Nachfrage graphisch als Kurven darstellen, die später dann durch mathematische Funktionen ersetzt werden.

Ausgangspunkt unserer Überlegung ist, daß ein Wirtschaftssubjekt von einem Gut y soviel besitzt, daß er bereit ist, eine bestimmte Menge x dieses Gutes y gegen einen bestimmten Preis p an ein anderes Wirtschaftssubjekt abzugeben, das dieses Gut gerne haben möchte und auch bereit ist, einen bestimmten Preis dafür zu bezahlen. Dabei interessiert zunächst der Preis p und die Menge x nicht.

Die Nachfragekurve:

Es scheint logisch, daß die Nachfragekurve in folgender Abbildung einen fallenden Verlauf hat. Denn je mehr der Preis p für das Gut sinkt, um so mehr werden die Nachfrager von diesem Gut erwerben wollen, d. h. die Menge x wird steigen. Anders herum betrachtet: je höher der Preis p des Gutes ist, desto geringer wird die Menge x sein, die die Nachfrager zu kaufen bereit sind.

Hier soll aus Gründen der einfacheren Darstellung davon ausgegangen werden, daß die Nachfragekurve einen linear fallenden Verlauf hat. An dieser Stelle sei aber bemerkt, daß das nicht unbedingt so sein muß. Im Rahmen der Volkswirtschaftslehre werden Sie noch sehen, daß sehr oft auch andere Kurvenverläufe denkbar sind, die hier aber nicht behandelt werden sollen.

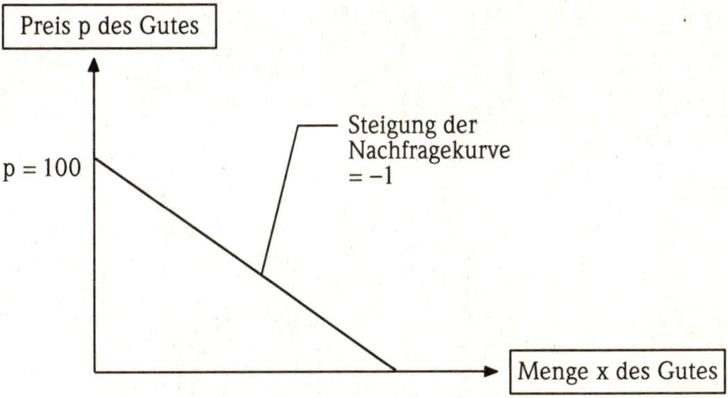

Mathematisch kann die Nachfragekurve durch eine Funktion des Preises p, abhängig von der Menge x, dargestellt werden. In unserem Beispiel könnte diese Funktion beispielsweise lauten:

allgemein:

$p(x) = m \cdot x + b$

mit m als Steigung der Gerade und b als Ordinate, wobei $m < 0$ und $b > 0$.

Ganz speziell könnte sie lauten:

$p(x) = 100 - 1 \cdot x$

Das würde bedeuten, daß bei einem Preis von 100 und mehr kein Nachfrager mehr bereit wäre, das Gut zu erwerben.

Die Angebotskurve:

Genauso logisch erscheint es, daß die Angebotskurve in der folgenden Abbildung einen steigenden Verlauf hat. Denn je mehr der Preis p für das Gut steigt, um so mehr werden die Anbieter von diesem Gut bereit sein anzubieten, d.h. die Menge x wird steigen, wenn auch der Preis steigt.

Hier soll aus Gründen der einfacheren Darstellung ebenfalls davon ausgegangen werden, daß die Angebotskurve einen linearen Verlauf hat, allerdings einen linear steigenden.

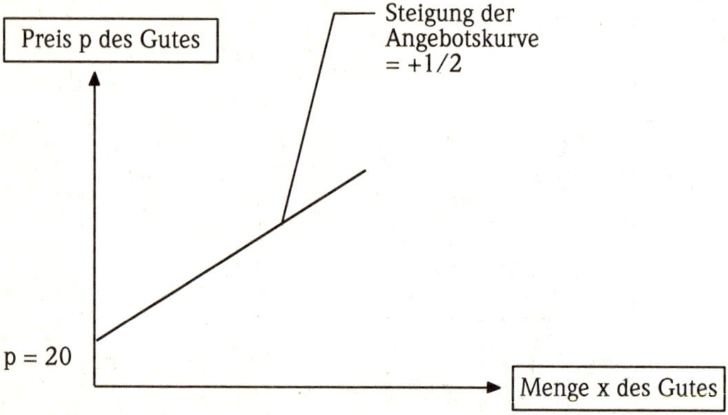

Mathematisch kann die Angebotskurve durch eine Funktion des Preises p, abhängig von der Menge x, dargestellt werden. In unserem Beispiel könnte diese Funktion beispielsweise lauten:

allgemein:

$p(x) = m \cdot x + b$

mit m als Steigung der Gerade und b als Ordinatenabschnitt, wobei $m > 0$ und $b > 0$.

hier: $p(x) = 20 + 1/2 \cdot x$

Das Marktgleichgewicht:

Nachdem wir eine Möglichkeit gefunden haben, sowohl die Angebots- wie auch die Nachfrageseite darzustellen, fügen wir beide Seiten in einer Abbildung zusammen und fragen nach dem Marktgleichgewicht:

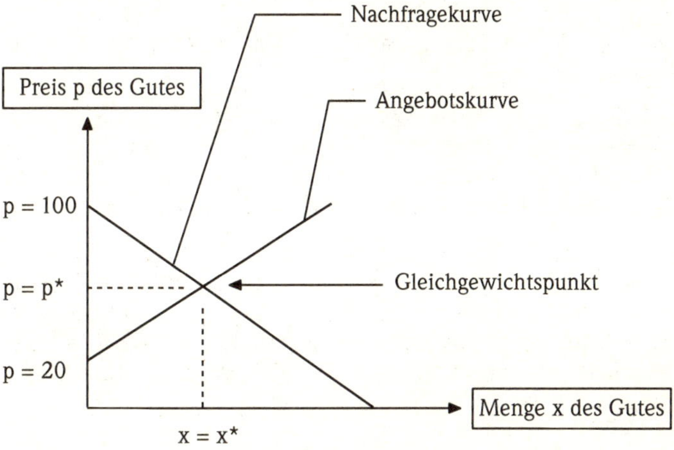

Man erkennt, daß ein Gleichgewicht von Angebot und Nachfrage nur an einem Punkt auftritt, dem Schnittpunkt von Angebots- und Nachfragekurve.

Den Preis, der in diesem Punkt herrscht, nennt man den Gleichgewichtspreis ($p = p^*$), die dazugehörige Menge ist die Gleichgewichtsmenge ($x = x^*$).

Zu diesem Preis wird jeder Nachfrager, der bereit ist, zumindest p* zu bezahlen, das Gut bekommen, und jeder Anbieter wird sein Gut zum Marktpreis verkaufen. Weder Anbieter noch Nachfrager haben einen Grund, ihr Verhalten zu ändern, deshalb auch Gleichgewichtspreis bzw. Gleichgewichtsmenge.

Liegt der Preis über p*, dann gibt es zu wenige Nachfrager; liegt er unter p*, so gibt es zu viele Anbieter. Nur zum Preis p* ist die Zahl der Leute, die bereit sind, die Ware zu diesem Preis zu kaufen, gleich der Zahl der angebotenen Güter.

Mikroökonomik

> Viele Wirtschaftstheorien kranken daran, daß sie den Menschen als vernunftbegabtes Wesen ansehen.
>
> Auguste Detauf

Die Mikroökonomik behandelt hauptsächlich vier grundlegende Teilgebiete, nämlich:

1. die Theorie der Unternehmung
2. die Gleichgewichtsanalyse auf Märkten
3. die Theorie des Haushalts
4. die Theorie des allgemeinen Gleichgewichtes (Einführung).

Da die Begriffe Angebot, Nachfrage und Marktgleichgewicht bereits in der Übersicht über das Fach Makroökonomik (siehe oben) behandelt wurden, soll hier im Rahmen der Mikroökonomik die Theorie der Unternehmung kurz angesprochen werden, da diese auch für die meisten Studierenden der Betriebswirtschaftslehre von besonderem Belang ist.

Die volkswirtschaftliche Theorie der Unternehmung

Unternehmen können sich auf Märkten, auf denen sie agieren, verschiedenen Marktformen gegenübersehen. Stellen Sie sich beispielsweise vor, Sie seien der Verkaufsmanager eines Unternehmens, welches als einziges weltweit Fernseher herstellt, und alle anderen Unternehmen seien technisch dazu nicht in der Lage. Welchen Preis würden Sie für Ihr Produkt verlangen? Diese Marktform, bei der es nur einen einzigen Anbieter, aber viele Nachfrager gibt, nennt man Monopol. Oder stellen Sie sich vor, Ihr Unternehmen sei nur eines von vielen anderen, die alle das gleiche Produkt herstellen, mit den gleichen Vorprodukten, welche alle zum selben Preis bezogen werden, und auch das Produktionsverfahren sei bei allen Herstellern das gleiche. Damit wird unterstellt, daß es keine Unterschiede gibt, die das Produkt betreffen; sowohl die Qualität als auch die Ausstattung und somit auch die Herstellkosten sind identisch. Auch gibt es in diesem Fall von seiten der Konsumenten keine Präferenzen für eine bestimmte Marke, noch sollen Transport- oder Lagerkosten bei unseren Überlegungen eine Rolle spielen. Wie wählen Sie Ihre Preise nun? Einen solchen Markt bezeichnet man als Konkurrenzmarkt.

Wie Sie sich sehr leicht verdeutlichen können, liegt der Preis Ihres Unternehmens auf einem Konkurrenzmarkt außerhalb Ihres Einflusses. Dazu eine kurze Überlegung:

1. Den Preis, den Ihr Unternehmen für sein Produkt verlangt, liege bei 1000,– DM. Gemäß obiger Annahme lägen die Preise aller anderen Unternehmen ebenfalls bei 1000,– DM.
2. Ihr Unternehmen beschließt nun, da Ihre Kapazitäten nicht voll ausgelastet sind, den Preis für das Produkt um DM 50,– zu senken. Was wird wohl die Folge dieses Entschlusses sein? Alle Konsumenten werden Ihr Produkt kaufen wollen, da Ihr Produkt gegenüber den anderen einen entscheidenden Vorteil erlangt hat. Es ist nämlich um 50,– DM billiger geworden. Ihre Kapazitäten sind sofort voll ausgelastet, und Sie kommen mit der Produktion nicht mehr nach. Als direkte Folge davon verkaufen Ihre Konkurrenten nichts mehr, und sie bemerken sehr bald, daß ein Mitkonkurrent den Preis gesenkt hat. Damit diese ihre Betriebe nicht schließen müssen, werden sie den Preis ebenfalls um DM 50,– senken – und wie zu sehen ist, ist alles geblieben wie zuvor, nur, daß das Preisniveau um 50,– DM gesunken ist.
3. Ihr Unternehmen wird den Preis weiter senken, und der ganze Prozeß beginnt noch einmal von vorne, so lange, bis keiner den Preis mehr senken kann, da sonst unterhalb der Herstellkosten verkauft werden müßte.

Man sieht also, daß die Preise bei vollständiger Konkurrenz von einem einzelnen Unternehmen nicht beeinflußt werden können, solange die oben genannten Prämissen gelten.

Bei den weiteren Überlegungen soll von einem Konkurrenzmarkt ausgegangen werden.

Gewinne

Ziel der Unternehmung ist die Maximierung des Unternehmensgewinnes. Auf Grund der Schwierigkeit und Komplexität der Thematik kann an dieser Stelle nicht weiter auf die Problematik der Gewinnmaximierung eingegangen werden; zumindest sollen hier jedoch die Gewinne einer Unternehmung betrachtet werden.

In der Mikroökonomie wird davon ausgegangen, daß Unternehmen nach dem Prinzip der Gewinnmaximierung verfahren, d.h. das oberste langfristige Ziel der Unternehmung ist die Maximierung des Unternehmensgewinnes.

Gewinne sind definiert als Erlös minus Kosten. Angenommen, ein Unternehmen produziert n Produkte ($a_1, a_2, \ldots, a_n$) und verwendet dazu m Inputfaktoren ($b_1, b_2, \ldots, b_m$). Die Preise der Produkte betragen ($p_1, p_2, \ldots, p_n$) und die Preise der Inputfaktoren liegen bei ($w_1, w_2, \ldots, w_m$).

Die Erlöse des Unternehmens betragen somit:

$\Rightarrow E = a_1 \cdot p_1 + a_2 \cdot p_2 + \ldots + a_n \cdot p_n$
$E = \Sigma\, a_i \cdot p_i$

Die Kosten des Unternehmens betragen:
$\Rightarrow K = b_1 \cdot w_1 + b_2 \cdot w_2 + \ldots + b_m \cdot w_m$
$K = \Sigma\, b_j \cdot w_j$

Die Gewinne des Unternehmens betragen also gemäß obiger Definition:

Gewinn = Erlös – Kosten
$\Rightarrow G = E - K = (a_1 \cdot p_1 + a_2 \cdot p_2 + \ldots + a_n \cdot p_n) - b_1 \cdot w_1 + b_2 \cdot w_2 + \ldots + b_m \cdot w_m$
$= \Sigma\, a_i \cdot p_i - \Sigma\, b_j \cdot w_j$

Bei Betrachtung der Kosten soll sichergestellt werden, daß alle zu Marktpreisen bewerteten und vom Unternehmen verwendeten Faktoren enthalten sind. Auch bei der Erlösbetrachtung sollen alle Erlöse, die das Unternehmen erhalten hat, beinhaltet sein.

Klausuraufgaben für das Fach Volkswirtschaftslehre

Klausuraufgabe für das Fach Makroökonomik

Aufgabenstellung

Gegeben sei eine Angebots- und eine Nachfragekurve. Ermitteln Sie mathematisch die Gleichgewichtsmenge und den Gleichgewichtspreis.
Angebotskurve: $f(p_a) = 75 + 3/2 \cdot p$
Nachfragekurve: $f(p_n) = 150 - 1/2 \cdot p$

Erlaubte Hilfsmittel: keine
Bearbeitungszeit für Studenten nach dem 1. Fachsemester: ca. 10 Minuten

Musterlösung:

Der Schnittpunkt dieser beiden Geraden stellt den Gleichgewichtspunkt dar. Den Schnittpunkt erhält man durch Gleichsetzen der Angebots- und Nachfragekurve:

$\Rightarrow f(p_a) = 75 + 3/2 \cdot p = f(p_n) = 150 - 1/2 \cdot p$
$\Rightarrow f(p) = 75 + 3/2 \cdot p = 150 - 1/2 \cdot p$
$\Rightarrow 75 + 3/2 \cdot p = 150 - 1/2 \cdot p$
$\Rightarrow 75 + 2 \cdot p = 150$
$\Rightarrow 2 \cdot p = 75$
$\Rightarrow p^* = 37{,}5 \Rightarrow$ Gleichgewichtspreis $p^* = 37{,}5$

Einsetzen in $f(p_a)$ oder $f(p_n)$ ergibt die Gleichgewichtsmenge:

$\Rightarrow f(p^*) = 75 + 3/2 \cdot p^*$
$\Rightarrow f(p^*) = 75 + 3/2 \cdot 37{,}5$
$\Rightarrow f(p^*) = 75 + 56{,}25$
$\Rightarrow f(p^*) = 131{,}25 = x^*$
$\Rightarrow$ Gleichgewichtsmenge $x^* = 131{,}25$

Klausuraufgabe für das Fach Mikroökonomie

Aufgabenstellung

In der Mikroökonomie benötigt man ständig Konzepte, wie: Grenznutzen, Grenzkosten, Grenzertrag usw. Aus diesem Grund soll an dieser Stelle noch einmal darauf hingewiesen werden, daß das Beherrschen der Differentialrechnung vorausgesetzt wird. Versuchen Sie deshalb, die folgende Aufgabe in der vorgegebenen Zeit zu lösen. Gegeben sei eine Gewinnfunktion folgender Form, die zu maximieren ist:

$$G(x) = ((300\,x^2 + 2\,x) + (1 + x)^3)\,/\,(1 + x)$$

Bilden Sie die erste Ableitung der Funktion.

Erlaubte Hilfsmittel: keine
Bearbeitungszeit für Studenten nach dem 1. Fachsemester: ca. 10 Minuten

Hinweis: Diese Klausurfrage sollte von Ihnen ohne Vorkenntnisse gelöst werden, da es sich hier um ein rein mathematisches Problem handelt. Haben Sie bei der Lösung Schwierigkeiten, sollten Sie unbedingt Ihre mathematischen Kenntnisse wieder auffrischen.

Musterlösung:

$$\begin{aligned} G(x) &= ((300 \cdot x^2 + 2 \cdot x) + (1 + x)^3)\,/\,(1 + x) \\ G'(x) &= \{((600 \cdot x + 2) + 3 \cdot (1 + x)^2) \cdot (1 + x) - ((300 \cdot x^2 + 2 \cdot x) \\ &\quad + (1 + x)^3)\}\,/\,(1 + x)^2 \\ &= ((600 \cdot x + 2) \cdot (1 + x) + (1 + x) \cdot 3 \cdot (1 + x)^2 - (300 \cdot x^2 \\ &\quad + 2 \cdot x) - (1 + x)^3)/(1 + x)^2 \end{aligned}$$

$$= ((600 \cdot x^2 + 602 \cdot x + 2 + (1 + x) \cdot 3 \cdot (1 + 2 \cdot x + x^2) - 300 \cdot x^2 - 2 \cdot x) - (1 + x)^3 / (1 + x)^2$$
$$= (300 \cdot x^2 + 600 \cdot x + 2 + (3 + 3 \cdot x) \cdot (1 + 2 \cdot x + x^2) - 1 - 3 \cdot x^2 - 3 \cdot x - x^3) / (1 + x)^2$$
$$= (300 \cdot x^2 + 600 \cdot x + 2 + 3 + 6 \cdot x + 3 \cdot x^2 + 3 \cdot x + 6 \cdot x^2 + 3 \cdot x^3 - 1 - 3 \cdot x^2 - 3 \cdot x - x^3) / (1 + x)^2$$
$$= (2 \cdot x^3 - 306 \cdot x^2 + 606 \cdot x + 4) / (1 + x)^2$$
$$= 2 \cdot (x^3 - 153 \cdot x^2 + 303 \cdot x + 2) / (1 + x)^2$$

3. Strukturen des Grundstudiums an den Universitäten im Vergleich

> Wir wissen zwar (noch) nicht, wohin wir wollen, aber dafür sind wir um so eher dort.
> Prof. Dr. M. N. Geist

Dieser Abschnitt wendet sich an solche Studierende, welche aktuell oder in Zukunft vielleicht die Absicht haben, den Studienort und/oder den Studiengang zu wechseln. Eine Übersicht über die Strukturen des Grundstudiums an 40 Universitäten (ab Seite 97) die Chance eines bundesweiten Vergleiches und eröffnet die Möglichkeit, besondere Schwerpunkte oder Ausprägungen zu erkennen.

Die Angaben zu Lehrinhalten und -umfängen sowie zu Prüfungen beruhen auf der Auswertung von Prüfungsordnungen, Studienordnungen, Informationsschriften und Unterlagen von Hochschulortwechslern, mit Schwerpunkt auf dem Stand Wintersemester 1992/93. Das Hauptgewicht wurde auf den Studiengang Betriebswirtschaftslehre gelegt, jedoch sind wesentliche Fakultäten der Wirtschaftswissenschaften/Ökonomie ebenfalls vertreten sowie solche nur volkswirtschaftlichen Studiengänge, aus denen Wechsler erfahrungsgemäß nicht selten kommen.

Richtschnur der Sichtweise waren die Vorgaben der Allgemeinen Bestimmungen für Diplomprüfungsordnungen aus dem Jahre 1992 (ABD) und der Rahmenordnung für die Diplomprüfung im Studiengang Betriebswirtschaftslehre aus dem Jahre 1994 (RO). Nach beiden Normen sind Zulassungsvoraussetzungen und vier Diplom-Vorprüfungsfächer typische Bestandteile des Grundstudiums. Der Umfang der einzelnen Fächer ist nicht starr geregelt. Daher und als Ausdruck der regionalen Spezialisierung sowie des interuniversitären Wettbewerbs resultieren teils signifikante Unterschiede im Hinblick auf Schwerpunkte und Fächerumfang. Unterschreitungen der in ABD und RO genannten Mindestumfänge der Prüfungsdauer mögen schwachen Kandidaten verlockend erscheinen, sind jedoch im Falle eines Hochschulwechsels dann ein Bärendienst, wenn sie zur Verweigerung der Äquivalenz führen. Analoges gilt für Studienangebote, Studien- und Prüfungsleistungen, welche fakultativ (freiwillig) oder alternativ (wahlweise) angeboten/gefordert werden: Das Vorziehen bzw. Überschreiten des Minimums kann die Chancen auf Äquivalenz auch bei anderen/höheren Standards wesentlich verbessern.

Äquivalenz meint Gleichwertigkeit. Die RO dazu lautet: »Gleichwertigkeit ist festzustellen, wenn Studienzeiten, Studienleistungen und Prüfungsleistungen in Inhalt, Umfang und in den Anforderungen denjenigen des entsprechenden Studiums an der aufnehmenden Hochschule im wesentlichen entsprechen. Dabei ist kein schematischer Vergleich, sondern eine Gesamtbetrachtung und Gesamtbewertung vorzunehmen.« Es leuchtet ein, daß ein vollständiges Vordiplom gegenüber Teilen eines abweichend strukturierten Studiums in solcher Gesamtbetrachtung eher als gleichwertig eingeschätzt werden kann. Die Anrechnung von Studienzeiten spielt besonders für Studierende eine Rolle, welche einen Teil ihres Studiums im Ausland absolvieren (wollen), weil sie über die Zuordnung zu einem bestimmten Studienjahr entscheiden kann. Im Inland steht die Anrechnung von Studien- und Prüfungsleistungen im Vordergrund. Die Anrechnung von Studienzeiten führt zur Einstufung in ein bestimmtes Fachsemester mit einer bestimmten Anzahl freier Studienplätze; sie spielt an solchen Hochschulen eine wichtige Rolle, an denen der Bewerber in ein zeitlich begrenztes Grundstdium eingestuft werden muß.

Studienleistungen sind der Fachausdruck für Prüfungsergebnisse, welche sich zeitlich und sachlich auf eine bestimmte Lehrveranstaltung beziehen. Sie werden i.d.R. »Scheine« genannt und sehr häufig nur unbenotet (= »bestanden«) für Zulassungsvoraussetzungen (= Propädeutika) ausgestellt. Ihre Erbringung kann an Fristen gebunden und ihre Wiederholbarkeit beschränkt sein. Prüfungsleistungen sind der Fachausdruck für Prüfungen in Fächern der Diplomprüfung oder Diplom-Vorprüfung, welche immer benotet werden. Sie sind beim Prüfungsamt förmlich anzumelden (Fristen!) und immer in der Wiederholbarkeit beschränkt.

Günstigster Zeitpunkt für einen Hochschulwechsel ist generell der Abschluß der Diplom-Vorprüfung. Häufig werden Vordiplome pauschal angerechnet. Liegen nur Prüfungsteile vor, so kann es vorkommen, daß Ausbildungs- und Prüfungsstruktur der abgebenden und der aufnehmenden Hochschule so weit voneinander abweichen, daß Äquivalenz nicht festgestellt werden kann. Zu bedenken ist bei jedem Wechsel nach dem Grundstudium (im übrigen auch bei unveränderter Fortführung des Studiums), daß im Hauptstudium eine Spezialisierung möglich und notwendig wird, man sich also rechtzeitig informieren und ggf. auch planerisch festlegen sollte. Häufig werden Seminare gefordert oder geplant, für die es in der Regel Zugangsvoraussetzungen gibt. Wenn dies, wie in der überwiegenden Zahl der Fälle, ein Übungsschein ist, so muß man sich rechtzeitig um die Übungsteilnahme kümmern; der Vorlesungsbeginn ist dafür meist zu spät. Abzuraten ist von ergebnislosen Anrufen bei Lehrstuhlsekretariaten zu inhaltlichen Fragen, zweckmäßig das Erfragen von Sprechzeiten. Auch schriftliche Lehrstuhlporträts enthalten Antworten auf zahlreiche Fragen. Und dann: hinfahren, anschauen! Wer einen kleinen Einblick in Fächerinhalte und einen persönlichen Eindruck der Dozenten und Professoren gewinnen will, sollte an einigen (faktisch hochschulöffentlichen) mündlichen Diplomprüfungen als Zuhörer teilnehmen – aber aus Rücksicht nur mit dezentester Zurückhaltung und selbstverständlich unter strenger Beachtung der Anfangs- und Schlußzeiten.

Solange das Allgemeine Auswahlverfahren der ZVS gilt, bewerben sich Studienanfänger dort. Im höheren Fachsemester ist ein Hochschulortwechsel auf unterschiedlichen Wegen möglich: Bei Verbleib im selben Studiengang scheidet die ZVS aus, da sie nur Bewerbungen zum ersten Semester zuläßt. Es bleiben die Möglichkeiten des Studienplatztausches (direkt über die beteiligten Zulassungsstellen zu klären und abzuwickeln) und der Direktbewerbung bei der gewünschten Hochschule. Bei Wechsel des Studienganges kommt neben der ZVS-Bewerbung (zum ersten Fachsemester mit anschließender Höherstufung durch den Prüfungsausschuß des aufnehmenden Studienganges) ebenfalls die Direktbewerbung in Frage. Auch hier gilt: Fristen beachten!

Mehrere Fakultäten bieten in den letzten Jahren zunehmend die Möglichkeit, bei Vorliegen bestimmter Voraussetzungen Teile der Diplomprüfung an ausländischen (Partner)hochschulen zu erbringen und sie in das eigene Diplom zu importieren. Einzelheiten sind bei den einzelnen Hochschulen zu erfragen und Details ggf. frühzeitig, jedenfalls vor dem Auslandsstudium zu klären.

Zumindest für große Universitäten/Fakultäten gilt mit nur wenigen Ausnahmen (leider): Das Grundstudium ist für alle gleich und ähnelt dem Schulbetrieb gelegentlich mehr als dem Studium im herkömmlichen Sinne, welches regelmäßig mit dem Hauptstudium und seiner Differenzierung beginnt. Es ist also Geduld und Beharrungsvermögen erforderlich, um in Massenveranstaltungen in überfüllten Hörsalen bei verbrauchter Luft standardisierten Stoff aufbereitet und gedrängt aufnehmen zu können. Die Bildung kleiner Arbeitsgruppen und die Vorbereitung des durch Gliederungen häufig angekündigten Stoffes vor der Veranstaltung ermöglicht es, konzentriert auf das Wesentliche zu achten und es in Zusammenhängen geordnet »abzulegen«. Neben solcherart Motivation bedarf es auch der Selbst(!)disziplin, um seinen individuellen Studienplan einzuhalten und nicht eines Tages festzustellen, daß viel Zeit vergangen ist, aber wenig Leistungsnachweise erworben sind.

In neueren Prüfungsordnungen in Baden-Württemberg und Rheinland-Pfalz ist eine Regelung enthalten, wonach außer in nicht selbst zu vertretenden Fällen die Diplom-Vorprüfung bis zum Ablauf des sechsten Fachsemesters vollständig (einschließlich etwaiger Wiederholungen) und erfolgreich erbracht sein muß, da sie sonst als endgültig nicht bestanden gilt, was zum Erlöschen der Zulassung führt. Da der Rückmeldetermin regelmäßig vor der letzten Prüfung liegt, kann diese Folge erst mit Ablauf des folgenden Semesters durchgesetzt werden – aber eine weitere Prüfungsanmeldung ist nicht mehr möglich. Auch neuere bayrische Prüfungsordnungen regeln, daß nach dem sechsten Semester nicht vorliegende Vorprüfungen als erstmals nicht bestanden gewertet werden. Aber auch wo solche harschen Zeitgrenzen (noch) fehlen, zeigt die Erfahrung vieler tausend Prüfungen: Mit steigender Semesterzahl der Kandidaten werden auch im Durchschnitt die Noten schlechter.

Nachfolgend sind alle Universitäten dokumentiert, die zum Wintersemester 1994/95 Studienplätze in Betriebswirtschaftslehre über die ZVS vergeben haben. Nicht erfaßt sind Fachhochschulen sowie private Hochschulen. Für jede Universität sind folgende Adressen angegeben:

- Studentensekretariat (Bewerbung, Zulassung und Immatrikulation)
- Studienberatung (allgemeine Studienberatung, schriftliche Informationen)

- AStA Studentenvertretung (Studieninformation, Kontakt zu den Fachschaften)
- Fakultät/Fachbereich (Fachstudienberatung, ggf. schriftliche Informationen)

Jeder Studieninteressent kann gezielt Informationen anfordern. Generell ist zu berücksichtigen, daß kurz vor Bewerbungsschluß ein großer Andrang herrscht. Leider sind viele Universitäten nicht mehr in der Lage, schriftliche Informationen kostenlos zu versenden.

Die statistischen Eckdaten bieten eine Orientierung über die Größe der Universität insgesamt sowie über die Größe der jeweiligen Fakultät.

Ausführliche Erläuterungen zum Schema der Studienleistungen im Grundstudium enthält Ziffer 2.

Abkürzungen:

(D)	=	Letztes in der Tabelle berücksichtigtes Genehmigungsdatum der Prüfungsordnung.
KLR	=	Kosten- und Leistungsrechnung
KoRe	=	Kostenrechnung
Mathe	=	Lineare Algebra
ReWe	=	Rechnungswesen
TbR	=	Technik des betrieblichen Rechnungswesens
VGR	=	Volkswirtschaftliche Gesamtrechnung
WpfG	=	Wahlpflichtfach im Grundstudium

TH Aachen: Rheinisch-Westfälische Technische Hochschule Aachen
Postanschrift: 52056 Aachen
Sekretariat: Wüllnerstr. 1, Tel. 02 41/80-40 20/40 21/42 14
Zentrale Studienberatung: 52062 Aachen, Templergraben 83, Tel. 02 41/80-40 50/40 51
AStA: 52072 Aachen, Turmstraße 3, Tel. 02 41/80-37 92
Fakultät/Fachbereich: Fakultät für Wirtschaftswissenschaft, 52062 Aachen, Templergraben 64, Tel. 02 41/80-60 00
Statistische Eckdaten:

Hochschullehrer:	19
Wiss. Mitarbeiter:	50
Studenten an der Hochschule insgesamt (WS 93/94):	3 70.020
Studenten im Studiengang BWL (1991):	2.228
Studienplätze (WS 1993/94):	386
Absolventen (1991):	127

Durchschnittliche Studienzeit (Median) 1986: 11,9 1987: 11,4 1988: 12,4 1989: 12,5 1990: 13,5 1991: 13,7
Abgeschlossene Promotionen (1991): 6

Studiengang: **BWL** (D)
(24. 4. 86)

	Inhalte	SWS	Klausurdauer
TbR		4	4 (2+2)
EDV		2	2
Mathe		8	4 (2+2)
Recht (S)		8	6 (2+2+2)
Grundzüge BWL	Grdl. d. BWL, Absatz, Finanzierung, IBL, Bilanzen KoRe, Betriebsmodelle	15	4
Grundzüge VWL	Einf. i. d. VWL, AVWL I-III, Wipol.	18	4
Statistik		8	4
Recht für WiWis	Handels- und Gesellschafts-recht	6	4
Kultur			
WpfG			

Bemerkungen: keine

Universität Augsburg: Universität Augsburg
Postanschrift: 86159 Augsburg
Sekretariat: Universitätsstraße 2, Tel. 08 21/5 98-51 37/51 47/51 38
Zentrale Studienberatung: Universitätsstraße 2, Tel. 0 8 21/5 98-51 47
AStA: Universitätsstraße 2, Tel. 08 21/5 98-51 68/51 69
Fakultät/Fachbereich: Wirtschafts- und Sozialwissenschaftliche Fakultät, 86159 Augsburg, Memminger Straße 14, Tel. 08 21/5 98-3 68

Statistische Eckdaten:

Hochschullehrer:	56
Wiss. Mitarbeiter:	75
Studenten an der Hochschule insgesamt (WS 93/94):	14.925
Studenten im Studiengang BWL (1991):	2.875
Studienplätze (WS 1993/94):	398
Absolventen (1991):	260

Durchschnittliche Studienzeit (Median): 1986: 10,3 1987: 10,3 1988: 10,4 1989: 10,9 1990: 11,0 1991: 11,0

Abgeschlossene Promotionen (1991):	14

Studiengang: **BWL/VWL** (D)
(30. 6. 92)

	Inhalte	SWS	Klausurdauer
TbR	Buchhaltung	3	4
EDV	Einf. i. d. EDV	3	2
Mathe	Mathe I+II	8	4
Recht (S)			
Grundzüge BWL	Einf. i. d. BWL, Absatz, KoRe, Bilanzen, Investition u. Finanzierung	12	4 (2+2)
Grundzüge VWL	Einf. i. d. VWL, Mikro, Makro, Einf. i. d. Wipol.	12	4 (2+2)
Statistik	Statistik I+II	8	4
Recht für WiWis	Privatrecht I+II, Ö-Recht, Handels- u. Gesellschaftsrecht, Arbeitsrecht	12	4
Kultur			
WpfG	Psychologie, Soziologie I+II, Sozial.psych., emp. Soz.-forsch.	12 (4×3)	4 (2+2)

Bemerkungen: keine

Universität Bamberg: Otto-Friedrich Universität
Postanschrift: 96045 Bamberg
Sekretariat: Kapuzinerstraße 16, Tel. 09 51/8 63-10 43/10 44
Zentrale Studienberatung: Heumarkt 2, Tel. 09 51/8 63-10 50
AStA: 96052 Bamberg, Feldkirchenstraße 21, Tel. 09 51/8 63-12 14
Fakultät/Fachbereich: Sozial- und Wirtschaftswissenschaften, 96052 Bamberg, Feldkirchenstr. 21, Tel. 09 51/8 63-25 00/25 01
Statistische Eckdaten:

Hochschullehrer:	32
Wiss. Mitarbeiter:	75
Studenten an der Hochschule insgesamt (WS 93/94):	8.300
Studenten im Studiengang BWL (1991):	1.991
Studienplätze (WS 1993/94):	313
Absolventen (1991):	172

Durchschnittliche Studienzeit (Median): 1986: 10,0 1987: 9,9 1988: 9,7 1989:10,1 1990: 10,8 1991: 10,6

Abgeschlossene Promotionen (1991):	4

Studiengang: **BWL/VWL** (D)
(30. 4. 92)

	Inhalte	SWS	Klausurdauer
TbR	Buchhaltung, KoRe	6 (3+3)	4 (2+2)
EDV		6	2
Mathe	Analysis, Lineare Algebra	8	4 (2+2)
Recht (S)			
Grundzüge BWL	Organisation, Produktion, Absatz, Finanzierung, Investition, Steuern, Bilanzen	14	4
Grundzüge VWL	Mikro, Makro, Wipol.	14	4
Statistik	Deskriptive, Induktive, W-Theorie	12	4
Recht für WiWis	HGB, BGB, Ö-Recht	11	4
Kultur			
WpfG			

Bemerkungen: keine

Universität Bayreuth: Universität Bayreuth
Postanschrift: 95440 Bayreuth
Sekretariat: Universitätsstraße 30, Tel. 09 21/55-21 96/21 98/21 99
Zentrale Studienberatung: Universitätsstraße 30 (Behelfsbau 4/B4), Tel. 09 21/55-21 99/21 96/21 97/21 98
AStA: Universitätsstraße 30 (Behelfsbau 5/B5), Tel. 09 21/55-22 13/22 11
Fakultät/Fachbereich: Rechts- und Wirtschaftswissenschaftliche Fakultät, 95447 Bayreuth, Universitätsstraße 30, Tel. 09 21/55-28 91

Statistische Eckdaten:

Hochschullehrer:	27
Wiss. Mitarbeiter:	55
Studenten an der Hochschule insgesamt (WS 93/94):	8.641
Studenten im Studiengang BWL (1991):	1.911
Studienplätze (WS 1993/94):	248
Absolventen (1991):	

Durchschnittliche Studienzeit (Median): 1986: 11,2 1987: 10,4 1988: 10,2 1989: 10,8 1990: 10,6 1991: 10,2

Abgeschlossene Promotionen (1991):	11

Studiengang: **BWL** (D) (15. 5. 90)
VWL (D) (15. 5. 87)

	Inhalte	SWS	Klausurdauer
TbR	Buchführung, KoRe	5	4 (2+2)
EDV	nach neuer PO wohl Pflichtschein		
Mathe		5	4
Recht (S)			
Grundzüge BWL	BWL I (Produktion, Absatz, Materialwirtschaft), BWL II (Finanzierung, Finanzen)	15	4 (2+2)
Grundzüge VWL	Mikro, Makro	14	4 (2+2)
Statistik	statistische Methodenlehre I+II	8	4 (2+2)
Recht für WiWis	Ö-Recht, Privatrecht	12	4
Kultur			
WpfG	Arbeits- u. Sozialrecht (Betriebsinformatik[1])	2 (8)	2

Bemerkungen: 1) empfohlen, jedoch nicht vorgeschrieben

Universität Berlin (FU): Freie Universität Berlin
Postanschrift: 14195 Berlin
Sekretariat: Immatrikulationsbüro, Boltzmannstraße 3,
Tel. 0 30/8 38-21 01/23 89/22 37/22 75,
Zulassungsbüro, Boltzmannstraße 3, Tel. 0 30/8 38-31 75
Zentrale Studienberatung: Brümmerstraße 50, Tel. 0 30/8 38-52 42/22 47
AStA: Kiebitzweg 23, Tel. 0 30/8 38-22 24/40 12
Fakultät/Fachbereich: Fachbereich Wirtschaftswissenschaft, 14195 Berlin,
Garystraße 21, Tel. 0 30/8 38-22 72
Statistische Eckdaten:

Hochschullehrer:	k.A.
Wiss. Mitarbeiter:	k.A.
Studenten an der Hochschule insgesamt (WS 93/94):	59.967
Studenten im Studiengang BWL (1991):	2.926
Studienplätze (WS 1993/94):	152
Absolventen (1991):	243

Durchschnittliche Studienzeit (Median): 1986: 12,2 1987: 12,0 1988: 11,8
1989: 12,0 1990: 11,9 1991: 11,3

Abgeschlossene Promotionen (1991):	15

Studiengang: **BWL/VWL/Wipäd.**[1] (D)
(29. 9. 87)

	Inhalte	SWS	Klausurdauer
TbR	ReWe I (Buchhaltung), ReWe II (KoRe)	10 (5+5)	4 (2+2)
EDV	Wirtschaftsinformatik	6	2 2)
Mathe	Lineare Algebra, Analysis	8 (4+4)	4
Recht (S)			
Grundzüge BWL	BWL I (Einf. i. d. BWL) BWL II (Produktion, Orga), BWL III (Absatz, Beschaffung), BWL IV (Investition, Finanzierung)	16 (4×4)	8
Grundzüge VWL	VWL I+II (Mikro I+II), VWL III-IV (Makro I+II)	16 3)	8
Statistik	Statistik I u. II	10 (5+5)	4
Recht für WiWis	Ö-Recht, Privatrecht, Arbeitsrecht	10	3
Kultur			
WpfG			

Bemerkungen: 1) für Wipäd. sind Grdz. d. BWL u. Grdz. d. VWL alternativ
2) kann durch ein kontrolliertes EDV-gestütztes Kleinprojekt ersetzt werden

Universität Berlin (HU): Humboldt-Universität Berlin
Postanschrift: 10099 Berlin
Sekretariat: Abteilung für Studienangelegenheiten, Unter den Linden 6, Tel. 0 30/20 93-28 05/26 00
Zentrale Studienberatung: Unter den Linden 6, Tel. 0 30/20 93-21 25
AStA: Tel. 0 30/20 93-26 03
Fakultät/Fachbereich: Wirtschaftswissenschaftliche Fakultät, 10178 Berlin, Spandauerstraße 1, Tel. 0 30/24 68-2 73/2 74
Statistische Eckdaten:

Hochschullehrer:	31
Wiss. Mitarbeiter:	66
Studenten an der Hochschule insgesamt (WS 93/94):	22.221
Studenten im Studiengang BWL:	k.A.
Studienplätze (WS 1993/94):	200
Absolventen (1991):	k.A.
Durchschnittliche Studienzeit (Median):	k.A.
Abgeschlossene Promotionen (1991):	k.A.

Studiengang: **BWL/VWL**
(10. 2. 92)

	Inhalte	SWS	Klausurdauer
TbR	ReWe I u. II	6	4
EDV		8	4
Mathe	M.I (Ana. I, L.A.I) M.II (Ana. II, L.A.II)	10	4
Recht (S)			
Grundzüge BWL	BWL I (Einf. i. d. BWL) BWL II (Produktion u. Beschaffung) BWL III (Finanzierung u. Investition) BWL IV (Upol., Absatz, Logistik)	16	4
Grundzüge VWL	Wipol., Mikro I u. II, Makro I u. II	18	4
Statistik	Statistik I u. II, Ökonometrie	10	4
Recht für WiWis	Ö-Recht, Privatrecht	10	4
Kultur			
WpfG			

Bemerkungen: 4-stg. Klausuren können auch in 2×2-stg. Teilklausuren zerlegt werden

Universität Berlin (TU): Technische Universität Berlin
Postanschrift: 10623 Berlin
Sekretariat: Referat für Studien-, Zulassungs- und Immatrikulationsangelegenheiten, Straße des 17. Juni 135, Tel. 0 30/3 14-2 21 08/2 31 35/2 49 11
Zentrale Studienberatung: Straße des 17. Juni 135, Tel. 0 30/3 14-2 56 06
AStA: k.A.
Fakultät/Fachbereich: Fachbereich 14: Wirtschaft und Management, 10623 Berlin, Uhlandstraße 4/5, Tel. 0 30/3 14-2 22 28
Statistische Eckdaten:

Hochschullehrer:	k.A.
Wiss. Mitarbeiter:	k.A.
Studenten an der Hochschule insgesamt (WS 93/94):	37.431
Studenten im Studiengang BWL:	2.208
Studienplätze (WS 1993/94):	120
Absolventen (1991):	181

Durchschnittliche Studienzeit (Median): 1986: 11,2 1987: 11,0 1988: 11,4 1989:11,3 1990: 11,2 1991: 11,5
Abgeschlossene Promotionen (1991): 9

Studiengang: **BWL/VWL** (D)
(26. 11. 83) (26. 6. 79)

	Inhalte	SWS	Klausurdauer
TbR	ReWe (Fibu, JA, Bilanzen) KoRe	8 (4+4) + je 2 Tut	4
EDV	Grdz. d. mechan. u. elektr. DV	8	4
Mathe	Lineare Algebra, Analysis	8 (+ je 2 Prakt.)	4
Recht (S)		8 (s. u.)	x[1)]
Grundzüge BWL	Einf. i. d. BWL, Planung, Beschaffung, Produktion, Bilanzen, Absatz, Investition, Finanzen	14 (+6 Tut)	mind. 4
Grundzüge VWL	Einf. i. d. VWL, Mikro, Makro	12 (+6 Tut)	mind. 4
Statistik	Statistik I u. II, Wirtschaftsstatistik	9 (+4 Prakt.)	mind. 4
Recht für WiWis	BGB I u. II	8 (+4 AG)	mind. 4
Kultur WpfG			

Bemerkungen: 1) Leistungskontrolle durch eine mündliche Prüfung von mind. 15. Min. Dauer. 2) Für Übungsschein müssen 2 oder 3 Klausuren bestanden werden. x = ein Übungsschein. In Statistik, VWL und Recht werden ersatzweise auch Klausuren angeboten.

Universität Bielefeld: Universität Bielefeld
Postanschrift: 33501 Bielefeld
Sekretariat: Studentensekretariat, Universitätsstraße 25,
Tel. 05 21/1 06-34 06/34 07/34 08/34 09/34 10/34 11/35 37
Zentrale Studienberatung: Universitätsstraße 30, Tel. 05 21/1 06-30 17/30 18
AStA: Universitätsstraße 30, Tel. 05 21/1 06-34 36
Fakultät/Fachbereich: Fakultät für Wirtschaftswissenschaft, Unversitätsstr. 25, Tel. 05 21/1 06-38 21
Statistische Eckdaten:

Hochschullehrer:	k.A.
Wiss. Mitarbeiter:	k.A.
Studenten an der Hochschule insgesamt (WS 93/94):	17.824
Studenten im Studiengang BWL:	1.712
Studienplätze (WS 1993/94):	273
Absolventen (1991):	104

Durchschnittliche Studienzeit (Median): 1986: 11,5 1987: 12,2 1988: 11,7 1989: 11,3 1990: 12,8 1991: 12,2

Abgeschlossene Promotionen (1991):	4

Studiengang: **BWL/VWL** (D)
(25.4.91)

	Inhalte	SWS	Klausurdauer
TbR		3	2
EDV		5	2
Mathe	Mathe I–III	15	5 oder (2+2) [1]
Recht (S)			
Grundzüge BWL	BWL I (Produktion, Absatz und Marketing) BWL II (FiWi) BWL III (KoRe) BWL IV (Bilanzen)	20	5 oder (2+2) [1]
Grundzüge VWL	Mikro, Makro, Wipol.	20	5 oder (2+2) [1]
Statistik	Statistik (Ökonometrie, Ufo)	10 (20)	5 oder (2+2) [1]
Recht für WiWis	Privatrecht, Ö-Recht	8 (4+4)	5 oder (2+2) [1]
Kultur			
WpfG			

Bemerkungen: 1) Vorprüfung kann nach Wahl des Kandidaten als punktuelle Prüfung mit fünfstündiger Klausurdauer oder als studienbegleitende Prüfung mit zwei mal zweistündiger Klausurdauer abgelegt werden.

Universität Chemnitz-Zwickau: Technische Universität Chemnitz-Zwickau
Postanschrift: 09111 Chemnitz
Sekretariat: Abteilung Studentensekretariat, Straße der Nationen 62, Tel. 03 71/6 68-6 39
Zentrale Studienberatung: Straße der Nationen 62, Tel. 03 71/6 68-6 37/6 38
AStA: keine Angabe
Fakultät/Fachbereich: Fakultät für Wirtschaftswissenschaften, 09126 Chemnitz, Reichenhainer Straße 70, Tel. 03 71/5 21-42 07
Statistische Eckdaten:

Hochschullehrer:	12
Wiss. Mitarbeiter:	37
Studenten an der Hochschule insgesamt (WS 93/94):	5.383
Studenten im Studiengang BWL (1991):	k.A.
Studienplätze (WS 1993/94):	200
Absolventen (1991):	k.A.
Durchschnittliche Studienzeit (Median):	k.A.
Abgeschlossene Promotionen (1991):	k.A.

Studiengang: **BWL** (D)
(10.91)

	Inhalte	SWS	Klausurdauer
TbR	Buchführung, Kostenrechnung	6 (3+3)	4 (2+2)
EDV	Wirtschaftsinformatik	2	2
Mathe		7	4
Recht (S)			
Grundzüge BWL	BWL I (Einf. i. d. BWL, Produktion, Absatz), BWL II (Bilanzen, Finanzierung), Schein (Investitionsplanung)	15 (+2)	4 (2+2) (5 (+2))
Grundzüge VWL	VWL I (Einf. i. d. VWL, Mikro), VWL II (Makro)	14	4 (2+2)
Statistik	Statistik I u. II	8	4 (2+2)
Recht für WiWis	Ö-Recht, Privatrecht	13	4
Kultur			
WpfG			

Bemerkungen: S = Schein
Propädeutische Fächer können nur max. zweimal wiederholt werden

Universität Dortmund: Universität Dortmund
Postanschrift: 44221 Dortmund
Sekretariat: Studentensekretariat, 44227 Dortmund, Emil-Figge-Straße 66, Tel. 02 31/7 55-21 59/21 60/22 27
Zentrale Studienberatung: 44227 Dortmund, Emil-Figge -Straße 50, Tel. 02 31/75 5-23 45
AStA: 44227 Dortmund, Emil-Figge-Straße 50, Tel. 02 31/7 55-25 84
Fakultät/Fachbereich: Wirtschafts- und Sozialwissenschaftliche Fakultät, 44227 Dortmund, Vogelpothsweg 86, Tel. 02 31/7 55-43 75
Statistische Eckdaten:

Hochschullehrer:	19
Wiss. Mitarbeiter:	56
Studenten an der Hochschule insgesamt (WS 93/94):	24.187
Studenten im Studiengang BWL (1991):	2.655
Studienplätze (WS 1993/94):	212
Absolventen (1991):	127

Durchschnittliche Studienzeit (Median): 1986: k.A., 1987: 12,8 1988: 12,0 1989: 12,2 1990: 12,9 1991: 13,2
Abgeschlossene Promotionen (1991): 12

Studiengang: **BWL/VWL/Ökonomie** (D)
(25. 7. 83)

	Inhalte	SWS	Klausurdauer
TbR		3	x
EDV		(2+2) 4	x
Mathe	Analysis, Lineare Algebra	(3+3) 6	xx
Recht (S)			
Grundzüge BWL	Absatz, Unternehmensrechnung[2], Investition u. Finanzierung, Produktion	16	4
Grundzüge VWL	Einf. i. d. VWL, Mikro, Makro, Wipol.	17	4
Statistik		8	4 (2+2)
Recht für WiWis	Zivilrecht I u. II, Ö-Recht	9	4 (2+2)
Kultur			
WpfG	Soziologie[1]	11	4 (xx)

Bemerkungen: x = ein Leistungsnachweis über erfolgreiche Teilnahme an propädeutischer Veranstaltung
1) Propädeutikschein Methoden d. empirischen Sozialforschung
2) enthält auch Bilanzen

Universität Dresden: Technische Universität Dresden
Postanschrift: 44221 Dresden, Momsenstraße 13
Sekretariat: Immatrikulationsamt, Tel. 03 51/4 63-42 07
Zentrale Studienberatung: Münchner Platz 3,
Tel. 03 51/4 63-34 03/33 19/62 79/36 81
AStA: Universitätsstudentenrat, Tel. 03 51/4 63-48 53
Fakultät/Fachbereich: Fakultät Wirtschaftswissenschaften, 01069 Dresden, Mommsenstraße 13, Tel. 03 51/4 63-21 96
Statistische Eckdaten:

Hochschullehrer:	k.A.
Wiss. Mitarbeiter:	k.A.
Studenten an der Hochschule insgesamt (WS 93/94):	18.942
Studenten im Studiengang BWL (1991):	k.A.
Studienplätze (WS 1993/94):	400
Absolventen (1991):	k.A.
Durchschnittliche Studienzeit (Median):	k.A.
Abgeschlossene Promotionen (1991):	k.A.

Studiengang: **BWL** (D)
(16.9.91)

	Inhalte	SWS	Klausurdauer
TbR	Buchführung, KoRe	4+4	2+2
EDV	Wirtschaftsinformatik	12	4
Mathe	Mathe I u. II (Lineare Algebra, Analysis)	4+4	2+2
Recht (S)			
Grundzüge BWL	Investition u. Finanzierung, Steuern u. Bilanzen, Personal u. Orga, Produktion u. Absatz	18	4
Grundzüge VWL	Mikro, Makro, Wipol.	14	4
Statistik	Statistik u. Operations Research	10 (8+2)	4
Recht für WiWis	Privatrecht, Ö-Recht	8	4
Kultur	Sprache	6	2
WpfG			

Bemerkungen: 4-std. Klausuren können durch zwei 2-std. Klausuren ersetzt werden

Universität Düsseldorf: Heinrich-Heine-Universität Düsseldorf
Postanschrift: 40225 Düsseldorf , Universitätsstraße 1
Sekretariat: Studentensekretariat,
Tel. 02 11/3 11-33 57/33 58/51 42/51 43/51 44
Zentrale Studienberatung: Münchner Platz 3, Tel. 02 11/3 11-43 80
AStA: Studierendenschaft, Tel. 02 11/3 11-43 80
Fakultät/Fachbereich: Wirtschaftswissenschaftliche Fakultät,
40225 Düsseldorf, Universitätsstraße 1, Tel. 02 11/3 11-38 20
Statistische Eckdaten:

Hochschullehrer:	8
Wiss. Mitarbeiter:	26
Studenten an der Hochschule insgesamt (WS 93/94):	18.299
Studenten im Studiengang BWL (1991):	k.A.
Studienplätze (WS 1993/94):	180
Absolventen (1991):	k.A.
Durchschnittliche Studienzeit (Median):	k.A.
Abgeschlossene Promotionen (1991):	k.A.

Studiengang: **BWL** (D)
(10. 4. 90)

	Inhalte	SWS	Klausurdauer
TbR	TbR I u. II	4	2
EDV		2	
Mathe	Mathe I u. II (Analysis, Lineare Algebra)	8	2
Recht (S)			
Grundzüge BWL	Einf. i. d. BWL, Absatz u. Beschaffung, Unternehmensrechnung I u. II, Produktion u. Logistik, Planung u. Orga, Investition u. Finanzierung	24	4
Grundzüge VWL	Einf. i. d. VWL, Mikro, Makro, Wipol	20	4
Statistik	W-Theorie, Deskriptive, Wista	12	4
Recht für WiWis	Privatrecht, Ö-Recht	10	4
Kultur			
WpfG			

Bemerkungen: keine

Universität Eichstätt: Katholische Universität Eichstätt
Postanschrift: 85072 Eichstätt, Ostenstraße 26
Sekretariat: Studentenkanzlei, Tel. 0 84 21/20-2 13/2 15/2 16/2 17/2 19
Zentrale Studienberatung: Tel. 0 84 21/20-2 35/2 11
AStA: Studentischer Konvent, Tel. 0 84 21/20-2 67
Fakultät/Fachbereich: Fachbereich 6: Wirtschaftswissenschaftliche Fakultät, 85049 Ingolstadt, Auf der Schanz 49, Tel. 0 84 21/30 06-2 00/2 01
Statistische Eckdaten:

Hochschullehrer:	15
Wiss. Mitarbeiter:	34
Studenten an der Hochschule insgesamt (WS 93/94):	3.726
Studenten im Studiengang BWL (1991):	k.A.
Studienplätze (WS 1993/94):	k.A.
Absolventen (1991):	k.A.
Durchschnittliche Studienzeit (Median):	k.A.
Abgeschlossene Promotionen (1991):	k.A.

Studiengang: **BWL** (D)
(17. 11. 89)

	Inhalte	SWS	Klausurdauer
TbR		2	2
EDV		4	4
Mathe		8	4
Recht (S)		.	
Grundzüge BWL	Produktionswirtschaft, KoRe, Finanzwirtschaft, Marketing, Handels- u. Steuerbilanzen, Orga	21	4
Grundzüge VWL	VGR, Mikro, Makro, Wipol. Fiwi	18	4
Statistik	Statistik I. u. II, Wista	10	4
Recht für WiWis	Privatrecht, HGB, Ö-Recht	10	4
Kultur			
WpfG	Englisch oder Französisch für Wiwis		3

Bemerkungen: in Statistik und Recht können auch 2-std. Klausuren geschrieben werden

Universität Erlangen-Nürnberg: Friedrich-Alexander-Universität Erlangen-Nürnberg
Postanschrift: 91054 Erlangen, Schloßplatz 4
Sekretariat: Studentische und Stipendienangelegenheiten, 91054 Erlangen, Halbmondstraße 6, Tel. 0 91 31/85-40 74
Zentrale Studienberatung: Halbmondstraße 6, Tel. 0 91 31/85-39 76/30 34/48 07
AStA: Studentenvertretung, 91054 Erlangen, Turnstraße 7, Tel. 0 91 31/85-66 95
Fakultät/Fachbereich: Wirtschafts- und Sozialwissenschaftliche Fakultät, 90402 Nürnberg, Lange Gasse 20, Tel. 09 11/53 02-1
Statistische Eckdaten:

Hochschullehrer:	40
Wiss. Mitarbeiter:	106
Studenten an der Hochschule insgesamt (WS 93/94):	27.435
Studenten im Studiengang BWL (1991):	4.112
Studienplätze (WS 1993/94):	486
Absolventen (1991):	432

Durchschnittliche Studienzeit (Median): 1986: 10,7 1987: 10,9 1988: 10,9 1989: 11,1 1990: 11,3 1991: 11,5

Abgeschlossene Promotionen (1991):	33

Studiengang: **BWL/VWL/Wipäd** (D)
(12. u. 19. 8. 86)

	Inhalte	SWS	Klausurdauer
TbR	TbR, KoRe	8 (4+4)	3
EDV		5	1, 1
Mathe	Math I = Lin Alg., Math II = Fin.math.	8	3
Recht (S)			
Grundzüge BWL	Absatz, Orga, Steuern, Fiwi Produktion	16	4
Grundzüge VWL	Mikro, Makro, Wipol.	12	4
Statistik		8	4
Recht für WiWis	Privatrecht, Ö-Recht	21 (11+8)	4 (2+2)
Kultur			
WpfG			

Bemerkungen: keine

Universität Essen: Universität-Gesamthochschule Essen
Postanschrift: 45117 Essen, Universitätsstraße 2
Sekretariat: Studentensekretariat, Tel. 02 01/1 83-20 33/20 34
Zentrale Studienberatung: Universitätsstraße 12, Tel.02 01/1 83-20 14
AStA: Tel.02 01/183-3466
Fakultät/Fachbereich: Fachbereich 5: Wirtschaftswissenschaften, 45117 Essen, Universitätsstraße 2, Tel. 02 01/1 83-36 33/36 34
Statistische Eckdaten:

Hochschullehrer:	28
Wiss. Mitarbeiter:	49
Studenten an der Hochschule insgesamt (WS 93/94):	22.662
Studenten im Studiengang BWL (1991):	k.A.
Studienplätze (WS 1993/94):	412
Absolventen (1991):	k.A.
Durchschnittliche Studienzeit (Median):	k.A.
Abgeschlossene Promotionen (1991):	k.A.

Studiengang: **BWL/VWL** (D)
(8. 7. 82)

	Inhalte	SWS	Klausurdauer
TbR		3	S
EDV	Einf. i. d. EDV, Programmierkurs	5	S
Mathe	Lin. Alg., Infinitesimalrechnung	5	S
Recht (S)			
Grundzüge BWL	BWL I (Grdl. d. BWL, Produktion, Absatz, Investition u. Finanzierung) BWL II (KLR, Bilanzen)	20	4 (2+2)
Grundzüge VWL	VWL I (Mikro I, Makro I) VWL II (Mikro II, Makro II)	20	4 (2+2)
Statistik	Deskriptive, Induktive, Wista	10	4 (2+2)
Recht für WiWis	Ö-Recht, Privatrecht I u. II	10	4 (2+2)
Kultur			
WpfG			

Bemerkungen: Wpf muß gem. §20 (2, 3, 4) im Grundstudium erbracht werden, ist jedoch nicht Bestandteil des VD
S = bestandener Schein

Universität Frankfurt am Main: Johann Wolfgang Goethe-Universität Frankfurt am Main
Postanschrift: 60325 Frankfurt am Main, Senckenberganlage 31
Sekretariat: Studentensekretariat, Bockenheimer Landstraße 133, Tel. 0 69/7 98-22 90
Zentrale Studienberatung: Bockenheimer Landstraße 133, Tel.0 69/7 98-39 26
AStA: Jügelstraße 1, Tel.0 69/7 98-39 26
Fakultät/Fachbereich: Fachbereich 2: Wirtschaftswissenschaften, 60325 Frankfurt am Main, Mertonstraße 17-25, Tel. 0 69/7 98-22 05/23 05
Statistische Eckdaten:

Hochschullehrer:	48
Wiss. Mitarbeiter:	154
Studenten an der Hochschule insgesamt (WS 93/94):	36.667
Studenten im Studiengang BWL (1991):	4.321
Studienplätze (WS 1993/94):	400
Absolventen (1991):	447

Durchschnittliche Studienzeit (Median): 1986: 9,7 1987: 9,8 1988: 9,6 1989: 9,6 1990: 9,8 1991: 10,5

Abgeschlossene Promotionen (1991):	43

Studiengang: **BWL/VWL/Wipäd** (D)
(15. 2. 73)

	Inhalte	SWS	Klausurdauer
TbR	TbR, VGR	8 (4+4)	2–4
EDV			
Mathe	Mathe I u. II	12	2–4
Recht (S)			
Grundzüge BWL	Investition u. Finanzierung, Absatz u. Produktion, Unternehmensrechnung	18	4
Grundzüge VWL	Mikro, Makro	12	4
Statistik	Methodenlehre, Wista	12	4
Recht für WiWis	Privatrecht, Ö-Recht	10	2–4
Kultur			
WpfG			

Bemerkungen: 4,3 kann vergeben werden – Kompensation – Ausländer können »Recht f. Wiwis« durch Soziologie ersetzen

Universität Frankfurt/Oder

Studiengang: **BWL** (D)
k.A.

	Inhalte	SWS	Klausurdauer
TbR	ReWe I	3	2
EDV	Wirtschaftsinformatik	3	2
Mathe	Mathematik I+II	4+4	2×2
Recht (S)			
Grundzüge	Einf. BWL	2	
BWL	BWL I (Prod. u. Abs.)	4	3×2
	BWL II (Inv. u. Fin.)	4	
	ReWe II	3	
Grundzüge	Mikro	6	2×2
VWL	Makro, Einf. VWL	2+6	
Statistik			
Recht	BGB I u. II, ÖR	8+4	
für WiWis			
Kultur	Sprache	4	
WpfG	Kulturwiss. Grundkurs	2	

Bemerkungen: Grundstudium ist für Abschluß nach 3 Semestern konzipiert und auf 5 limitiert.

Bergakademie Freiberg: TU Bergakademie Freiberg
Postanschrift: 09596 Freiberg, Akademiestraße 6
Sekretariat: Dezernat Studienangelegenheiten, Tel. 0 37 31/51-27 10
Zentrale Studienberatung: Tel. 0 37 31/51-27 10
AStA: k.a.
Fakultät/Fachbereich: Fakultät 6: Wirtschaftswissenschaften, 09599 Freiberg, Gustav-Zeuner-Straße 8/10, Tel. 0 37 31/51-20 90

Statistische Eckdaten:

Hochschullehrer:	13
Wiss. Mitarbeiter:	23
Studenten an der Hochschule insgesamt (WS 93/94):	1.957
Studenten im Studiengang BWL (1991):	k.A.
Studienplätze (WS 1993/94):	121
Absolventen (1991):	k.A.
Durchschnittliche Studienzeit (Median):	k.A.
Abgeschlossene Promotionen (1991):	k.A.

Universität Gießen: Justus-Liebig-Universität Gießen
Postanschrift: 35390 Gießen, Ludwigstraße 23
Sekretariat: Universitätssekretariat, Tel. 06 41/7 02-20 61
Zentrale Studienberatung: Büro für Studienberatung, Tel. 06 41/7 02-21 73
AStA: 35394 Gießen, Otto-Behaghel-Straße 21, Tel. 06 41/4 50 23
Fakultät/Fachbereich: Fachbereich Wirtschaftswissenschaften, 35394 Gießen, Licherstr. 74, Tel. 06 41/7 02-51 00
Statistische Eckdaten:

Hochschullehrer:	17
Wiss. Mitarbeiter:	49
Studenten an der Hochschule insgesamt (WS 93/94):	22.125
Studenten im Studiengang BWL (1991):	1.780
Studienplätze (WS 1993/94):	260
Absolventen (1991):	183

Durchschnittliche Studienzeit (Median): 1986–1989: k.A., 1990: 10,2
1991: 10,6

Abgeschlossene Promotionen (1991):	k.A.

Studiengang: **BWL/VWL/Ökonomie** (D)
(1.2.91)

	Inhalte	SWS	Klausurdauer
TbR		4	4
EDV		3	
Mathe		4	2
Recht (S)			
Grundzüge BWL	Einf. i. d. BWL, Finanzierung, Investition, KoRe, Absatz, Bilanzen, Optimierungsmethoden	20	5
Grundzüge VWL	Mikro, Makro, Wipol.	19	5
Statistik		10	5
Recht für WiWis	Privatrecht, Staats- u. VerwaltungsR	10	5
Kultur			
WpfG	Wirtschaftsenglisch [1)]	4	

Bemerkungen: 1) fakultativ

Universität Göttingen: Georg-August-Universität Göttingen
Postanschrift: 37073 Göttingen, Goßlerstraße 5 – 7
Sekretariat: Studentensekretariat, Tel. 05 51/39-43 30/43 42
Zentrale Studienberatung: Humboldtallee 17, Tel. 05 51/39-74 93
AStA: Goßlerstraße 16a, Tel. 05 51/39-45 64
Fakultät/Fachbereich: Fachbereich Wirtschaftswissenschaften, 37073 Göttingen, Platz der Göttinger Sieben 3, Tel. 05 51/39-71 90/71 91
Statistische Eckdaten:

Hochschullehrer:	32
Wiss. Mitarbeiter:	k.A.
Studenten an der Hochschule insgesamt (WS 93/94):	30.360
Studenten im Studiengang BWL (1991):	3.719
Studienplätze (WS 1993/94):	263
Absolventen (1991):	438

Durchschnittliche Studienzeit (Median): 1986: 11,6 1987: 11,6 1988: 10,6 1989: 10,6 1990: 10,8 1991: 10,7

Abgeschlossene Promotionen (1991):	29

Studiengang: **BWL/VWL/Wipäd** (D)
(7.9.82)

	Inhalte	SWS	Klausurdauer
TbR	Buchf. u. Abschluß	4	2×2 1)
EDV		2	
Mathe	Math. f. Wiwis I+II	8 (4+4)	2×2 1)
Recht (S)			
Grundzüge BWL	Grdl. d. BWL, Beschaffung u. Absatz, Finanzen, Produktion, KLR	12 (4+2+2+2+2)	2×2 1)
Grundzüge VWL	Mikro I+II*, Makro I+II	17 (4+4*+4+5)	2×2 1)
Statistik	Statistik I+II	8	2×2 1)
Recht für WiWis	Recht für Wiwis	5	2 1)
Kultur			
WpfG			

Bemerkungen: Prüfungsleistungen aus abgeschlossenen FH-Studiengängen können auf einzelne Diplomvorprüfungen angerechnet werden.
1) Kann bis zu je 3 Stunden verlängert werden
* Mikro II ist nicht obligatorisch

Universität Greifswald: Enrst-Moritz-Arndt Universität Greifswald
Postanschrift: Domstraße 11, 17489 Greifswald
Sekretariat: Dezernat für studentische Angelegenheiten, Domstraße 11, Tel. 0 38 34/63-2 14/2 20
Zentrale Studienberatung: Allgemeneine Studienberatung, Tel. 0 38 34/63-2 18
AStA: Rubenowstraße 1, 17489 Greifswald, Tel. 0 38 34/63-5 37
Fakultät/Fachbereich: keine Angabe

Statistische Eckdaten:

Hochschullehrer:	k.A.
Wiss. Mitarbeiter:	k.A.
Studenten an der Hochschule insgesamt (WS 93/94):	4.074
Studenten im Studiengang BWL:	k.A.
Studienplätze (WS 1993/94):	100
Absolventen (1991):	k.A.
Durchschnittliche Studienzeit (Median):	k.A.
Abgeschlossene Promotionen (1991):	k.A.

Universität Halle-Wittenberg: Martin-Luther-Universität Halle-Wittenberg
Postanschrift: Universitätsplatz 10, 06108 Halle/Saale
Sekretariat: Angelegenheiten der Studierenden, Abt. Studentensekretariat, 06122 Halle/Saale, Selkestraße 9, Haus E, Tel. 03 45/2 00-32 92/32 46
Zentrale Studienberatung: Angelegenheiten der Studierenden, Abt. Studienberatung, 06122 Halle/Saale, Selkestraße 9, Haus E, Tel. 03 45/2 00-32 91/32 94/32 97
AStA: StudentInnenrat, Universitätsring 5, 06108 Halle/Saale, Tel. 03 45/8 32-3 15/3 16
Fakultät/Fachbereich: Wirtschaftswissenschaftliche Fakultät, Große Steinstraße 73, 06108 Halle/Saale, Tel. 03 45/3 80 27
Statistische Eckdaten:

Hochschullehrer:	9
Wiss. Mitarbeiter:	35
Studenten an der Hochschule insgesamt (WS 93/94):	11.004
Studenten im Studiengang BWL:	k.A.
Studienplätze (WS 1993/94):	320
Absolventen (1991):	k.A.
Durchschnittliche Studienzeit (Median):	k.A.
Abgeschlossene Promotionen (1991):	k.A.

Studiengang: **BWL/VWL**
(1.10.90)

	Inhalte	SWS	Klausurdauer
TbR	Buchführung	4	2
EDV	Wirtschaftsinformatik	8	4
Mathe		8	4
Recht (S)			
Grundzüge BWL	BWL A (Produktion, Absatz, Orga), BWL B (Finanzierung u. Investition, Externes ReWe, Internes ReWe)	20	4 (2+2)
Grundzüge VWL	Mikro, Makro, Wipol.	20	4 (2+2)
Statistik	Deskriptive, Induktive	8	4 (2+2)
Recht für WiWis	Zivilrecht, Ö-Recht	8 (4+4)	4 (2+2)
Kultur WpfG	Wirtschaftsenglisch	4	

Bemerkungen: keine

Universität Hamburg: Universität Hamburg
Postanschrift: Edmund-Siemers-Allee 1, 20146 Hamburg
Sekretariat: Tel. 0 40/42 13-44 28
Zentrale Studienberatung: Beratungszentrum, Tel. 0 40/41 23-25 22
AStA: Studentenparlament, Von-Melle-Park 5, Tel. 040/4 10 30 64
Fakultät/Fachbereich: Fachbereich Wirtschaftswissenschaften, Von-Melle-Park 5, 20146 Hamburg, Tel. 0 40/4 12 31
Statistische Eckdaten:

Hochschullehrer:	k.A.
Wiss. Mitarbeiter:	k.A.
Studenten an der Hochschule insgesamt (WS 93/94):	44.203
Studenten im Studiengang BWL:	4.356
Studienplätze (WS 1993/94):	372
Absolventen (1991):	446

Durchschnittliche Studienzeit (Median): 1986: k.A., 1987: 10,2 1988: 10,4 1989: 10,4 1990: 10,6 1991: k.A.

Abgeschlossene Promotionen (1991): 13

Studiengang: **BWL/VWL** (D)
(6. 2. 89)

	Inhalte	SWS	Klausurdauer
TbR	TbR, KoRe, Bilanzen	7	4 (2+2)
EDV			
Mathe		4	4
Recht (S)			
Grundzüge BWL		12	4 (2+2)
Grundzüge VWL	Mikro, Makro	12	4
Statistik	Methodenlehre I u. II, Wista	10	4
Recht für WiWis	BGB, Handelsrecht	10	4 (2+2)
Kultur			
WpfG			

Bemerkungen: EDV ist nicht obligatorisch, jedoch dringend empfohlen, da bei Ortswechsel ggf. obligatorisch

Universität Jena: Friedrich-Schiller-Universität Jena
Postanschrift: Fürstengraben 1, 07743 Jena
Sekretariat: Tel. 0 36 14/63-21 79
Zentrale Studienberatung: Tel. 0 36 14/63-21 77
AStA: Studentenrat, Tel. 0 36 14/63-22 43
Fakultät/Fachbereich: Wirtschaftswissenschaftliche Fakultät, Fürstengraben 11, Tel. 0 36 14/63-24 00

Statistische Eckdaten:

Hochschullehrer:	14
Wiss. Mitarbeiter:	48
Studenten an der Hochschule insgesamt (WS 93/94):	8.949
Studenten im Studiengang BWL:	k.A.
Studienplätze (WS 1993/94):	220
Absolventen (1991):	k.A.
Durchschnittliche Studienzeit (Median):	k.A.
Abgeschlossene Promotionen (1991):	k.A.

Universität Kiel: Christian-Albrechts-Universität zu Kiel
Postanschrift: Ohlshausenstraße 40, 24118 Kiel
Sekretariat: Tel. 04 31/8 80-37 01/37 02/37 03/37 04/37 11/37 12
Zentrale Studienberatung: k.A.
AStA: Westring 385, 24118 Kiel, Tel. 04 31/8 80-26 47
Fakultät/Fachbereich: Wirtschafts- und Sozialwissenschaftliche Fakultät, Wilhelm-Selig-Platz 1, 24118 Kiel
Statistische Eckdaten:

Hochschullehrer:	22
Wiss. Mitarbeiter:	55
Studenten an der Hochschule insgesamt (WS 93/94):	20.027
Studenten im Studiengang BWL:	1.038
Studienplätze (WS 1993/94):	211
Absolventen (1991):	95

Durchschnittliche Studienzeit (Median): 1986: 10,5 1987: 10,7 1988: 11,8 1989: 10,6 1990: 11,1 1991: 10,4

Abgeschlossene Promotionen (1991):	15

Studiengang: **BWL** (D)
(21. 2. 83)

	Inhalte	SWS	Klausurdauer
TbR	Buchführung, KLR	4 (2+2)	4 (2+2)
EDV		4	
Mathe	Lineare Algebra, Analysis	4	4 (2+2)
Recht (S)			
Grundzüge BWL	Einf. i. d. BWL, JA, O. R., Marketing, Investition u. Finanzierung	16	4
Grundzüge VWL	Mikro, Makro, Wipol. Fiwi	20	4 (2+2)
Statistik	Methodenlehre (Wirt.forsch.)	12 (2)	4
Recht für WiWis	BGB, HGB, Ö-Recht	15	4 (2+2)
Kultur			
WpfG			

Bemerkungen: keine

Universität Köln: Universität zu Köln
Postanschrift: Albert-Magnus-Platz, 50931 Köln
Sekretariat: Tel. 02 21/4 70-22 03/22 04
Zentrale Studienberatung: Tel. 02 21/4 70-36 06/37 89
AStA: Universitätsstraße 16, Studentenhaus, Tel. 02 21/4 70-36 06/37 89
Fakultät/Fachbereich: Wirtschaftswissenschafts- und Sozialwissenschaftliche Fakultät, Albert-Magnus-Platz, WISO Seminartrakt, Tel. 02 21/4 70-22 19
Statistische Eckdaten:

Hochschullehrer:	60
Wiss. Mitarbeiter:	175
Studenten an der Hochschule insgesamt (WS 93/94):	53.334
Studenten im Studiengang BWL:	7.267
Studienplätze (WS 1993/94):	510
Absolventen (1991):	1.076

Durchschnittliche Studienzeit (Median): 1986: 11,3 1987: 11,1 1988: 11,3 1989: 11,7 1990: 11,5 1991: 11,6

Abgeschlossene Promotionen (1991):	27

Studiengang: **BWL/VWL/Wipäd** (D)
(1.3.91)

	Inhalte	SWS	Klausurdauer
TbR	TbR I u. II		4 (2+2)
EDV			
Mathe	Analysis, Lineare Algebra		4 (2+2)
Recht (S)			
Grundzüge BWL	Einf. i. d. BWL, Produktion, Absatz, Finanzen, KLR, Bilanzen, Entscheidungstheorie, O. R.	18	4 (2+2)
Grundzüge VWL	Mikro, Makro, Wipol. Fiwi, VGR	18	4 (2+2)
Statistik	Deskriptive, Induktive, Wista	12	4 (2+2)
Recht für WiWis	Privatrecht, Ö-Recht	13	4 (2+2)
Kultur			
WpfG			

Bemerkungen: keine

Universität Leipzig: Universität Leipzig
Postanschrift: Augustusplatz 10/11, 04109 Leipzig
Sekretariat: Ritterstraße 14, Tel. 03 41/7 19-72 66/74 46/74 45
Zentrale Studienberatung: Ritterstraße 14, Tel. 03 41/7 19-72 58
AStA: StudentInnenrat, Tel. 03 41/7 19-0
Fakultät/Fachbereich: Wirtschaftswissenschaftliche Fakultät, Marschnerstr. 31, Tel. 03 41/4 94 10
Statistische Eckdaten:

Hochschullehrer:	k.A.
Wiss. Mitarbeiter:	k.A.
Studenten an der Hochschule insgesamt (WS 93/94):	16.414
Studenten im Studiengang BWL:	k.A.
Studienplätze (WS 1993/94):	380
Absolventen (1991):	k.A.
Durchschnittliche Studienzeit (Median):	k.A.
Abgeschlossene Promotionen (1991):	k.A.

Studiengang: BWL (Mai 1991)
vorläufig

	Inhalte	**SWS**	**Klausurdauer**
TbR	Technik des Rechnungswesens	4	2
EDV	Wirtschaftsinformatik	6	2
Mathe	Wirtschaftsmathematik	6	2
Recht (S)			
Grundzüge BWL	Einführung in die BWL (A) Produktionswirtschaft I (A) Marketing I (A) Rechnungswesen I (Externes ReWe) (B) Rechnungswesen II (Internes ReWe) (B) Investition/Finanzierung I (B)	22	4 (2+2)
Grundzüge VWL	Einf. in VWL, Mikro, Makro, Vowi, Ges.rechng.	16	2×2
Statistik	Wista, Wahrscheinlichkeitsre., Meth. I.	10	4
Recht für WiWis	Privatrecht + Öffentliches Recht	14	4
Kultur			
WpfG			

Bemerkungen: – Klausurdauern Propädeutikscheine unbekannt – Unternehmungspolitik in GBWL nicht vorhanden – GVWL sehr breit, Mikro/Makro dünn

Universität Lüneburg: Universität Lüneburg
Postanschrift: Wilschenbrucher Weg 84, 21335 Lüneburg
Sekretariat: Immatrikulationsamt, Tel. 0 41 31/7 14-4 35/4 36
Zentrale Studienberatung: Wilschenbrucher Weg 27,
Tel. 0 41 31/7 14-1 11/112
AStA: Tel. 0 41 31/40 17 10
Fakultät/Fachbereich: Fachbereich Wirtschafts- und Sozialwissenschaften, Barckhausenstr. 35, Tel. 0 41 31/7 14 -2 00
Statistische Eckdaten:

Hochschullehrer:	20
Wiss. Mitarbeiter:	27
Studenten an der Hochschule insgesamt (WS 93/94):	5.992
Studenten im Studiengang BWL:	1.666
Studienplätze (WS 1993/94):	237
Absolventen (1991):	53
Durchschnittliche Studienzeit (Median):	1986-1989: k.A., 1990: 9,9 1991: 10,5
Abgeschlossene Promotionen (1991):	3

Studiengang: **BWL** (D)
(10.1.91)

	Inhalte	SWS	Klausurdauer
TbR	TbR I u. II, KoRe I u. II, Bilanzen	8	4 (2+2)
EDV		4	
Mathe	Analysis, Lineare Algebra	8	4 (2+2)
Recht (S)			
Grundzüge BWL	Produktion, Finanzierung u. Investition, Absatz, Upol	18	6,5
Grundzüge VWL	Mikro, Makro, Wipol.	12	4 (2+2)
Statistik	Induktive, Deskriptive	8	4 (2+2)
Recht für WiWis	Zivilrecht, Handelsrecht, Ö-Recht	18	5
Kultur			
WpfG			

Bemerkungen: Ö-Recht: 6 SWS, 90 Min. Klausur

Universität Magdeburg: Otto-von Guericke-Universität Magdeburg
Postanschrift: Universitätsplatz 2 , 39106 Magdeburg
Sekretariat: Dezernat Studienangelegenheiten, Tel. 03 91/55 92-35 01
Zentrale Studienberatung: Tel. 03 91/55 92-29 49
AStA: Uni-Rat der Studenten, Tel. 03 91/55 92-26 30
Fakultät/Fachbereich: Fakultät für Wirtschaftswissenschaft, Tel. 03 91/55 92-35 84
Statistische Eckdaten:

Hochschullehrer:	13
Wiss. Mitarbeiter:	25
Studenten an der Hochschule insgesamt (WS 93/94):	6.529
Studenten im Studiengang BWL:	k.A.
Studienplätze (WS 1993/94):	210
Absolventen (1991):	k.A.
Durchschnittliche Studienzeit (Median):	k.A.
Abgeschlossene Promotionen (1991):	k.A.

Studiengang: **BWL/Wipäd** (D)
(17.4.91)

	Inhalte	SWS	Klausurdauer
TbR	KLR, Buchführung, Controlling	10 (6+2+2)	6 (2+2+2)
EDV	Informatik I u. II	8 (4+4)	3
Mathe	Mathe I u. II, Finanzmathematik	12 (4+4+4)	4 (2+2)
Recht (S)			
Grundzüge BWL	Einf. i. d. BWL, Produktion, Marketing, Orga, Bilanzen/Steuern, Investition u. Finanzierung	12	4 + je 1 S
Grundzüge VWL	Einf. i. d. VWL, Mikro, Makro, VGR	14	4 + 3 S
Statistik	Statistik I u. II	8	4 + S
Recht für WiWis	Zivil- u. Arbeitsrecht	8	4 + S
Kultur			
WpfG			

Bemerkungen: in **Finanzmathematik** kann Klausur durch Hausarbeit ersetzt werden, S = Leistungsnachweise in **GBWL:** 12 (6×2) Std, S = Leistungsnachweise in **GVWL:** 6 (3×2) Std, S = Leistungsnachweis in **Statistik:** 2 Std kann durch Hausarbeit ersetzt werden, S = Leistungsnachweis in **Recht:** 2 Std, 4-std. Klausuren der Diplomprüfungen können durch 2-std. Klausuren und Referat oder Hausarbeit ersetzt werden

Universität Mainz: Johannes Gutenberg-Universität Mainz
Postanschrift: Saarstraße 21, 55122 Mainz
Sekretariat: Forum universitas, Eingang 3, 55099 Mainz, Tel. 0 61 31/39-26 59
Zentrale Studienberatung: Forum 1, 55099 Mainz,
Tel. 0 61 31/39-33 61/33 62
AStA: Staudingerweg 21, 55128 Mainz, Tel. 0 61 31/39-48 01
Fakultät/Fachbereich: Fachbereich Rechts- und Wirtschaftswissenschaften
Statistische Eckdaten:

Hochschullehrer:	k.A.
Wiss. Mitarbeiter:	k.A.
Studenten an der Hochschule insgesamt (WS 93/94):	29.012
Studenten im Studiengang BWL:	k.A.
Studienplätze (WS 1993/94):	145
Absolventen (1991):	k.A.
Durchschnittliche Studienzeit (Median):	k.A.
Abgeschlossene Promotionen (1991):	k.A.

Studiengang: **BWL/VWL/Wipäd** (D)
(26. 6. 91)

	Inhalte	SWS	Klausurdauer
TbR	Buchführung u. JA, KLR, Invest.rech.	7 (3+2+2)	5 (2+1,5+1,5)
EDV		6	4
Mathe		8	4
Recht (S)			
Grundzüge BWL		8 (+4 aus KLR) u. Invest.rech.)	4
Grundzüge VWL	Mikro, Makro, VGR	13–15	4
Statistik	Stat. Methodenl., Wista	12	4
Recht für WiWis	BGB, HGB **ODER** Ö-Recht	4	4
Kultur			
WpfG			

Bemerkungen: keine

Universität Mannheim: Universität Mannheim
Postanschrift: Schloß, Postfach 10 34 62, 68034 Mannheim, Tel. 06 21/2 92-0
Sekretariat: Studienbüro I, Tel. 06 21/2 92-53 90
Zentrale Studienberatung: siehe Sekretariat
AStA: Tel. 06 21/2 92-52 12
Fakultät/Fachbereich: Fakultät für Betriebswirtschaftslehre, L 5.6, 68131 Mannheim, Tel. 06 21/2 92-54 30/54 28/33 57
Statistische Eckdaten:

Hochschullehrer:	20
Wiss. Mitarbeiter:	k.A.
Studenten an der Hochschule insgesamt (WS 93/94):	12.598
Studenten im Studiengang BWL (1991):	5.060
Studienplätze (WS 1993/94):	335
Absolventen (1991):	567

Durchschnittliche Studienzeit (Median): 1986: 11,2 1987: 11,5 1988: 11,6 1989: 11,5 1990: 11,6 1991: 11,7
Abgeschlossene Promotionen (1991): 28

Studiengang: **BWL/VWL/Wipäd**
7.94/10.90/8.85*

	Inhalte	SWS	Klausurdauer
TbR	Technik d. betriebl. ReWe	2	4
EDV	Einf. i. d. DV u. Programmierung	2	2
Mathe	Mathe (Lin. Alg.)	4	2
Recht (S)		s. unten	2×2[2)]
Grundzüge BWL	Teil I: KoRe, Prod.w., Absatzw., Teil II: H. -u. St.bil. Finw., Upol.	22	2×3
Grundzüge VWL	Analysis, Mikro I u. II Makro I u. II	20	2×3[3)]
Statistik	Wista, Deskriptive, WahrschRe, Induktive	10	5
Recht für WiWis	BGB, HGB	8	5
Kultur	Engl./Französ./Ital./Span./ Russisch[4)]	je 17	3×2
WpfG	9 Wahlpflichtfächer[5)]	mind. 6	mind. 2,5

Bemerkungen: * wird novelliert, 1) auch als Kompaktkurse ca. 4 Wochen vor Vorlesungsbeginn möglich, 2) für Volkswirte nicht obligatorisch, aber dringend geraten, 3) für Volkswirte 4×1,5, 4) nur Stg. BWL. SOW-Antrag möglich. Z. Zt. auch Japanologie (mehr SWS). Für den Schwerpunkt können Wahlpflichtfach und Recht oder Statistik entfallen, 5) Zulassungsvoraussetzung für Diplomprüfung (nur Stg. BWL)

Universität Marburg: Philipps Universität Marburg
Postanschrift: Biegenstraße 10, 35037 Marburg, Tel. 0 64 21/28-1
Sekretariat: Abt. Studentenangelegenheiten,
Tel. 0 64 21/28-61 64/61 85/61 65/61 92/61 61
Zentrale Studienberatung: Biegenstraße 12, Tel. 0 64 21/28-51 71
AStA: Studentenschaft, Erlenring 5, Tel. 0 64 21/28-2 60 01
Fakultät/Fachbereich: Fachbereich Wirtschaftswissenschaft,
Universitätsstraße 25, Tel. 0 64 21/28-37 23
Statistische Eckdaten:

Hochschullehrer:	18
Wiss. Mitarbeiter:	34
Studenten an der Hochschule insgesamt (WS 93/94):	18.296
Studenten im Studiengang BWL (1991):	1.538
Studienplätze (WS 1993/94):	280
Absolventen (1991):	56

Durchschnittliche Studienzeit (Median): 1986: 9,5 1987: 8,7 1988: 8,9
1989: 8,9 1990: 9,3 1991: 9,7

Abgeschlossene Promotionen (1991):	6

Studiengang: **VWL/BWL** (D)
(13. 12. 89)

	Inhalte	SWS	Klausurdauer
TbR		4	4
EDV	Programmierung	4	0
Mathe		4	4
Recht (S)			
Grundzüge BWL	BWL I (Einf. i. d. BWL, Investition. u. Finanzierung), BWL II (KLR, Bilanzen, Absatz)	15	4 (2+2)
Grundzüge VWL	VWL I (Einf. i. d. VWL, Mikro), VWL II (Makro, Ordnungstheorie)	14	4 (1 1/2+2 1/2)
Statistik	Statistik I u. II	14	4 (2+2)
Recht für WiWis	wahlweise Privatrecht **ODER** Ö-Recht	4	4
Kultur			
WpfG			

Bemerkungen:
- In TbR und Mathe werden gleichwertige Leistungen angerechnet
- EDV-Schein muß von BWLern bis zur Meldung des 2. Teils der Diplomprüfung vorgelgt werden. VWLern wird der Erwerb dringend empfohlen.

Universität München: Ludwig-Maximilians-Universität München
Postanschrift: Geschwister-Scholl-Platz 1, 80539 München, Tel. 0 89/21 80-0
Sekretariat: Abt. Studentenangelegenheiten, Tel. 0 89/21 80-24 10
Zentrale Studienberatung: Leopoldstr. 15, 80802 München,
Tel. 0 89/21 80-23 45,
AStA: Studentischer Sprecherrat, Leopoldstr. 15, 80802 München,
Tel. 0 89/21 80-23 45
Fakultät/Fachbereich: Fakultät für Betriebswirtschaft, Ludwigstraße 28,
8539 München, Tel. 089/2180-2228
Statistische Eckdaten:

Hochschullehrer:	13
Wiss. Mitarbeiter:	83
Studenten an der Hochschule insgesamt (WS 93/94):	61.727
Studenten im Studiengang BWL (1991):	4.480
Studienplätze (WS 1993/94):	248
Absolventen (1991):	498

Durchschnittliche Studienzeit (Median): 1986: 11,4 1987: 11,7 1988: 12,0
1989: 12,3 1990: 12,1 1991: 12,2

Abgeschlossene Promotionen (1991):	25

Studiengang: **VWL/BWL**
(23. 3. 92)

	Inhalte	SWS	Klausurdauer
TbR	Buchhaltung		2
EDV	Kostenrechnung u. Grdz. d. EDV	5 (2+3)	2
Mathe	Analysis, Lineare Algebra	6	4
Recht (S)			
Grundzüge BWL	BWL I (Grdl. d. BWL, Produktions- u. Absatzwirtschaft), BWL II (Finanzwissenschaft, Bilanzen)	12	4 (2+2)
Grundzüge VWL	Mikro, Makro	14–16	4 (2+2)
Statistik	Methodenlehre, Induktive	13	4 (2+2)
Recht für WiWis	Privatrecht, Ö-Recht	14	4 (2+2)
Kultur			
WpfG			

Bemerkungen: – aus FH-Abschlüssen kann auf Antrag TbR und Privatrecht sowie bei mindestens der Gesamtnote »gut« (2,5) BWL I und BWL II im Rahmen der Diplomvorprüfung angerechnet werden

Universität Münster: Westfälische Wilhelms-Universität Münster
Postanschrift: Schloßplatz 2, 48149 Münster, Tel. 02 51/83-1
Sekretariat: Studentensekretariat, Tel. 02 51/83-22 36
Zentrale Studienberatung: Schloßplatz 5, Tel. 02 51/83-23 57/23 58/23 59
AStA: Schloßplatz 1 Südliches Kavaliershaus, Tel. 02 51/83-22 80
Fakultät/Fachbereich: Wirtschaftswissenschaftliche Fakultät,
Universitätsstraße 14–16, Tel. 02 51/83-29 10/29 11
Statistische Eckdaten:

Hochschullehrer:	k.A.
Wiss. Mitarbeiter:	k.A.
Studenten an der Hochschule insgesamt (WS 93/94):	44.706
Studenten im Studiengang BWL (1991):	4.416
Studienplätze (WS 1993/94):	356
Absolventen (1991):	586

Durchschnittliche Studienzeit (Median): 1986: 10,9 1987: 11,1 1988: 10,9
1989: 11,0 1990: 11,1 1991: 11,1

Abgeschlossene Promotionen (1991):	29

Studiengang: **BWL/VWL** (D)
(1.10.91)

	Inhalte	SWS	Klausurdauer
TbR	Buchführung u. Abschluß	2	2
EDV		4	2
Mathe	Analysis, Lineare Algebra, Finanzmathe	4	4
Recht (S)			
Grundzüge BWL	BWL A (Einf. i. d. BWL, KoRe, JA, Wirtschaftlichkeitsrechnung) BWL B (Finanzen, Produktion, Absatz)	20	4 (2+2)
Grundzüge VWL	Mikro, Makro	20	4 (2+2)
Statistik		8	4 (2+2)
Recht für WiWis	Privatrecht, Ö-Recht	10 6 (P), 4 (Ö)	4 (2+2)
Kultur			
WpfG			

Bemerkungen: keine

Universität Oldenburg: Carl von Ossietzky Universität Oldenburg
Postanschrift: Ammerländer Heerstraße 114-118, 26129 Oldenburg, Tel. 04 41/7 98-0
Sekretariat: Immatrikulationsamt, Tel. 04 41/7 98-25 17
Zentrale Studienberatung: Uhlenhornsweg 49-55, Tel. 04 41/7 98-27 09,
AStA: Uhlenhornsweg 49-55, Tel. 04 41/7 98-25 73/25 74
Fakultät/Fachbereich: Fachbereich Wirtschaft- und Rechtswissenschaften, Birkenweg 5 , 26127 Oldenburg, Tel. 04 41/7 98-83 15
Statistische Eckdaten:

Hochschullehrer:	22	
Wiss. Mitarbeiter:	15	
Studenten an der Hochschule insgesamt (WS 93/94):	13.014	
Studenten im Studiengang BWL (1991):	568	
Studienplätze (WS 1993/94):	84	
Absolventen (1991):	7	
Durchschnittliche Studienzeit (Median): 1986–1990: k.A.,		1991: 10,8
Abgeschlossene Promotionen (1991):	k.A.	

Studiengang: **Wipäd**
(3.90)

	Inhalte	**SWS**	**Klausurdauer**
TbR	ReWe I–III 2)	14 (8 V, 4 Ü)	4 (1/3, 1/3, 1/3)
EDV			
Mathe	Analysis, Lineare Algebra	4	4 (2+2)
Recht (S)			
Grundzüge BWL	Grdl. d. BWL	12	4 (2+2)
Grundzüge VWL	Mikro, Makro	10	2
Statistik	Statistische Methodenlehre	4	2 3)
Recht für WiWis	Bürgerliches-, Handels- und Gesellschaftsrecht	8 (4+4)	4 (2+2) 3)
Kultur			
WpfG	Mathe, EDV, Gemeinschftsk. 1)	16	

Bemerkungen:
1) ReWe I: Buchführung (4 SWS)
ReWe II: Gesamtwirtschaftliches Rewe (4 SWS)
ReWe III: Kosten- und Leistungsrechnung, Bilanzierung (4 SWS)
2) Klausur ODER Hausarbeit

Universität Osnabrück: Universität Osnabrück
Postanschrift: Neuer Graben/Schloß, 49074 Osnabrück
Sekretariat: Tel. 05 41/9 69-41 41/41 42/41 44/41 45
Zentrale Studienberatung: Schloß Westflügel, Tel. 05 41/9 69-41 36/41 39,
AStA: Alte Münze 12, Tel. 05 41/9 69-41 93/2 94 97
Fakultät/Fachbereich: Fachbereich Wirtschaftwissenschaften,
Heyer-Tor-Wall 14, 49069 Osnabrück, Tel. 05 41/9 69-61 47
Statistische Eckdaten:

Hochschullehrer:	12
Wiss. Mitarbeiter:	20
Studenten an der Hochschule insgesamt (WS 93/94):	13.818
Studenten im Studiengang BWL (1991):	1.606
Studienplätze (WS 1993/94):	232
Absolventen (1991):	89

Durchschnittliche Studienzeit (Median): 1986: 10,3 1987: 10,9 1988: 11,2
1989: 11,5 1990: 11,4 1991: 11,3

Abgeschlossene Promotionen (1991):	2

Studiengang: **BWL/VWL** (D)
(19.1.89)

	Inhalte	SWS	Klausurdauer
TbR		4	2
EDV		4	2
Mathe	Mathe I u. II	8	2
Recht (S)			
Grundzüge BWL	Einf. i. d. BWL, Produktion- u. Kostentheorie, KoRe, Bilanzen, Absatz, Investition u. Finanzierung	16	4 (2+2)
Grundzüge VWL	Einf. i. d. VWL, Mikro, Makro	14	4 (2+2)
Statistik	Statistische Methoden I u. II	10	4 (2+2)
Recht für WiWis	Einf. i.d. Rechtwiss., Ö-Recht, Vermögensrecht I u. II	9	4 (2+2)
Kultur			
WpfG			

Bemerkungen: bis Note 4,3 = bestanden

Universität Paderborn: Universität Gesamthochschule Paderborn
Postanschrift: Warburgerstr. 100, 33098 Paderborn
Sekretariat: Tel. 0 52 51/60-2501
Zentrale Studienberatung: Tel. 0 52 51/60-20 07/20 08/20 09,
AStA: Tel. 0 52 51/60-31 70/31 76
Fakultät/Fachbereich: Fachbereich Wirtschaftwissenschaften, Warburger Straße 100, Tel. 05251/60-2108
Statistische Eckdaten:

Hochschullehrer:	30
Wiss. Mitarbeiter:	39
Studenten an der Hochschule insgesamt (WS 93/94):	17.154
Studenten im Studiengang BWL (1991):	k.A.
Studienplätze (WS 1993/94):	259
Absolventen (1991):	k.A.
Durchschnittliche Studienzeit (Median):	k.A.
Abgeschlossene Promotionen (1991):	k.A.

Studiengang: Dipl. Kaufmann (Dipl.prüf. II)
(27.11.84)

	Inhalte	SWS	Klausurdauer
TbR			
EDV	Wirtsch.inf. I+II+Praktikum	2+2	4
Mathe	Mathe I+II	8+6	2+2 1)
Recht (S)			
Grundzüge BWL	Einführung in die BWL, Kostenrechnung, Jahresabschlüsse, Investition, Finanzierung, Marketing, Beschaffung und Produktion,	10	4+2 (spez. BWL)
	Menschliche Arbeit im Betrieb	4	
Grundzüge	Einführung in die VWL,	2	4
VWL	Mikro I+II, Makro I+II	4+5, 6+5	
Statistik	Statistik I+II	10+5	2+2 1)
Recht für WiWis	Wirtschaftsprivatrecht I+II	4+6	4
Kultur	Wirtschaftsenglisch I+II	4+4	2
WpfG			

Bemerkungen:
1) werden durch studienbegleitende Leistungen auf Basis von zwei 2stündigen Klausuren ersetzt
2) Leistungen aus FH-Abschlüssen werden angerechnet

Universität Passau: Universität Passau
Postanschrift: Dr.-Hans-Kapfinger-Straße 22, 94032 Passau
Sekretariat: Studentenkanzlei, Heuwiesenstraße 1, 94030 Passau, Tel. 08 51/5 09-1 11
Zentrale Studienberatung: Heuwiesenstraße 1, 94030 Passau, Tel. 08 51/5 09-1 13
AStA: Sprecherrat, Innstraße 40, 94030 Passau, Tel. 08 51/5 09-2 38
Fakultät/Fachbereich: Wirtschaftwissenschaftenliche Fakultät, Innstraße 27, 94030 Passau, Tel. 08 51/5 09-7 77/7 78
Statistische Eckdaten:

Hochschullehrer:	14
Wiss. Mitarbeiter:	43
Studenten an der Hochschule insgesamt (WS 93/94):	8.861
Studenten im Studiengang BWL (1991):	2.455
Studienplätze (WS 1993/94):	330
Absolventen (1991):	229

Durchschnittliche Studienzeit (Median): 1986: 10,2 1987: 10,3 1988: 10,4 1989: 10,8 1990: 11,5 1991: 11,6

Abgeschlossene Promotionen (1991):	5

Studiengang: **BWL/VWL** (D)
(14.5.92)

	Inhalte	SWS	Klausurdauer
TbR		4	3
EDV	Einf. i.d. EDV	3	
Mathe	Analysis, Lineare Algebra	6	4
Recht (S)			
Grundzüge BWL	Einf. i.d. BWL, Produktion, Absatz, KoRe, Kontrolle, Investition, Finanzierung, Bilanzen, Steuern	18	4
Grundzüge VWL	Einf. i.d. VWL, Mikro, Makro, Grdz. d. Fiwi, Grdz. d. Wipol.	18	4
Statistik	Statistik I u. II	10	4
Recht für WiWis	BGB I u. II Handels- u. Gesellschaftsrecht, Ö-Recht	16	4
Kultur WpfG	Englisch f. Wiwis	3	3

Bemerkungen: keine

Universität Regensburg: Universität Regensburg
Postanschrift: Universitätsstraße 31, 93053 Regensburg
Sekretariat: Studentenkanzlei, Tel. 09 41/9 43-23 09/23 81
Zentrale Studienberatung: Tel. 09 41/9 43-22 18/22 22/22 20,
AStA: Tel. 09 41/9 43-22 43
Fakultät/Fachbereich: Wirtschaftwissenschaftliche Fakultät, Universitätsstraße 31, 93053 Regensburg, Tel. 09 41/9 43-22 69
Statistische Eckdaten:

Hochschullehrer:	17
Wiss. Mitarbeiter:	56
Studenten an der Hochschule insgesamt (WS 93/94):	16.502
Studenten im Studiengang BWL (1991):	2.455
Studienplätze (WS 1993/94):	415
Absolventen (1991):	229

Durchschnittliche Studienzeit (Median): 1986: 10,9 1987: 11,1 1988: 11,2 1989: 11,4 1990: 11,2 1991: 11,2

Abgeschlossene Promotionen (1991):	8

Studiengang: **BWL/VWL** (D)
(10.2.92)

	Inhalte	**SWS**	**Klausurdauer**
TbR	TbR u. Bilanzierung, KoRe, VGR	10 (4 = TbR)	6 (2+2+2)
EDV	Grdl. d. Wirtschaftsinformatik [1]	3	2
Mathe	Lineare Algebra, Analysis	8	4 (2+2)
Recht (S)			
Grundzüge BWL	Einf. i. d. BWL, betriebl. Leistungserstellung, betriebl. Marktwirtschaft, betriebl. Finanzierung	14 (+4 KoRe)	4
Grundzüge VWL	Einf. i. d. VWL, Mikro, Makro	19 (+2 VGR)	4
Statistik	Statistik I u. II	10	4 (2+2)
Recht für WiWis	Recht I u. II	8	4
Kultur			
WpfG			

Bemerkungen: 1) Nur für BWL erforderlich

Universität Rostock: Universität Rostok
Postanschrift: Universitätsplatz 1, 18055 Rostock
Sekretariat: Dezernat Studium und Lehre, Universitätsplatz 5, Tel. 03 81/4 98-12 40/12 44
Zentrale Studienberatung: Tel. 03 81/4 98-12 53,
AStA: StudentInnenrat, August-Bebel-Straße 28, Tel. 03 81/3 79-24 79
Fakultät/Fachbereich: Fachbereich Wirtschaftwissenschaft, Parkstraße 6, 18057 Rostock, Tel. 03 81/3 75 91-2 05
Statistische Eckdaten:

Hochschullehrer:	k.A.
Wiss. Mitarbeiter:	k.A.
Studenten an der Hochschule insgesamt (WS 93/94):	8.142
Studenten im Studiengang BWL (1991):	k.A.
Studienplätze (WS 1993/94):	198
Absolventen (1991):	k.A.
Durchschnittliche Studienzeit (Median):	k.A.
Abgeschlossene Promotionen (1991):	k.A.

Studiengang: **BWL**
(23.3.93)

Inhalte	SWS	Klausurdauer
TbR		3
EDV		3
Mathe		3
Recht (S)		
Grundzüge BWL		2×3
Grundzüge VWL		2×3
Statistik		3
Recht für WiWis		3
Kultur		
WpfG		

Bemerkungen:
Vorläufige PO. Genehmigte Fassung bisher nicht bekannt. – Grundstudium max. 5 Semester – Hauptstudium max. 6 Semester (und 3 Monate bei freier wissenschaft. Arbeit) – 3-monatige Diplomarbeit oder 6-monatige freie wissenschaftliche Arbeit – Diplomprüfungen im Block mit Kompensation

Universität Saarbrücken: Universität des Saarlandes
Postanschrift: Im Stadtwald, 66123 Saarbrücken
Sekretariat: Studienzentrum, Gebäude 1.2, Tel. 06 81/3 02-20 43
Zentrale Studienberatung: k.A.
AStA: Gebäude 14.2, Vorstadtstraße 36, 66117 Saarbrücken, Tel. 06 81-29 00
Fakultät/Fachbereich: Fachbereich Wirtschaftwissenschaft, Im Stadtwald, Gebäude 16, Tel. k.A.
Statistische Eckdaten:

Hochschullehrer:	22
Wiss. Mitarbeiter:	93
Studenten an der Hochschule insgesamt (WS 93/94):	20.336
Studenten im Studiengang BWL (1991):	3.184
Studienplätze (WS 1993/94):	500
Absolventen (1991):	275

Durchschnittliche Studienzeit (Median): 1986: 11,2 1987: 10,4 1988: 10,2 1989: 10,8 1990: 10,6 1991: 10,2
Abgeschlossene Promotionen (1991):

Studiengang: **BWL/Wipäd** (D)
(4.6.84)

	Inhalte	SWS	Klausurdauer
TbR		2	2,5
EDV	(Mathe II) Programmierkurs	2	
Mathe	Grdz. d. Mathe f. Wiwis, Mathe I	7	2,5
Recht (S)			
Grundzüge BWL	Einf. i. d. BWL, Grdz. d. BWL A u. B	16	7,5 (je 2,5)
Grundzüge VWL	Einf. i. d. VWL	6	2,5 [1]
Statistik	Wista, Grdz. d. Stat. Methodenlehre	11	5
Recht für WiWis	Einf. i. Recht (Ö-Recht, Privatrecht)	4	2,5
Kultur			
WpfG			

Bemerkungen:
1) Klausuren BWL und VWL gibt es als 2,5- und als 4h-Version. Für Hochschulortswechsel 4h-Version dringend empfohlen
Notenspektrum 0,7 – 6,3. 4,3 = bestanden

Universität Siegen: Universität Gesamthochschule Siegen
Postanschrift: Hölderlinstraße 3, 57076 Siegen
Sekretariat: Studentensekretariat, Herrengarten,
Tel. 02 71/7 40-48 14/48 15/48 65
Zentrale Studienberatung: Tel. 02 71/7 40-31 17/31 16/47 52
AStA: Adolf-Reichwein-Straße, 57076 Siegen, Tel. 02 71/7 45 28/7 37 87
Fakultät/Fachbereich: Fachbereich Wirtschaftwissenschaft, Hölderlinstraße 3, 57076 Siegen, Tel. 02 71/7 40-31 39
Statistische Eckdaten:

Hochschullehrer:	38
Wiss. Mitarbeiter:	48
Studenten an der Hochschule insgesamt (WS 93/94):	12.583
Studenten im Studiengang BWL (1991):	1.868
Studienplätze (WS 1993/94):	519
Absolventen (1991):	91

Durchschnittliche Studienzeit (Median): 1986: 10,1 1987: 10,1 1988: 9,9 1989: 10,5 1990: 11,1 1991: 10,5

Abgeschlossene Promotionen (1991):	6

Studiengang: **Wiwiss** HS II
(10.9.90)

	Inhalte	SWS	Klausurdauer
TbR		2	
EDV	Wahlveranstalt. Wirtschafts-info.		
Mathe	Lineare Algebra, Analysis	6	
Recht (S)			
Grundzüge BWL	Grdl. d. BWL, Upol., Absatz, Produktions- u. Kostentheorie, Finanzierung, Kostenrechnung, Theorie der Unternehmung	(18+6) 24	4 (2+2)
Grundzüge VWL	Einf. i. d. VWL, Mikro, Makro, Wipol., Wirtschaftstheorie	16	4 (2+2)
Statistik			
Recht für WiWis	Privatrecht, Ö-Recht[1)]	8	
Kultur			
WpfG	Wahlveranstalt. Mathe	8	4 (2+2)

Bemerkungen: Hochschulzugangsberechtigung prüfen, fachgebundene Hochschulreife mit Vordiplom I berechtigt nur in NRW zum Uni-Studium
HS II = BWL (D), VWL (D), Wipäd (D), 1) Kompensation möglich

Universität Trier: Universität Trier
Postanschrift: Universitätsring 15, 54296 Trier
Sekretariat: Studentensekretariat, Ludwig-Weinsbach-Weg 5,
Tel. 06 51/2 01-27 94/27 95/27 96
Zentrale Studienberatung: Ludwig-Weinsbach-Weg 5,
Tel. 06 51/2 01-27 98/27 99
AStA: Tel. 06 51/2 01-21 16/21 17
Fakultät/Fachbereich: Fachbereich Wirtschafts- und Sozialwissenschaften, Mathematik und Informatik, Universitätsring 14, 54296 Trier,
Tel. 06 51/2 01-26 40/26 39
Statistische Eckdaten:

Hochschullehrer:	43
Wiss. Mitarbeiter:	87
Studenten an der Hochschule insgesamt (WS 93/94):	10.912
Studenten im Studiengang BWL:	1.635
Studienplätze (WS 1993/94):	180
Absolventen (1991):	113

Durchschnittliche Studienzeit (Median): 1986: 11,4 1987: 11,3 1988: 11,3
1989: 11,0 1990: 10,8 1991: 11,7
Abgeschlossene Promotionen (1991): 3

Studiengang: **BWL/VWL** (D)
(25.11.83)

	Inhalte	SWS	Klausurdauer
TbR	Finanzbuchh.	2	4
EDV	Programmpaket o. Programmiersprache	3	
Mathe	Mathe f. Wiwis	4	4
Recht (S)			
Grundzüge BWL	Grundzüge BWL	10	4
Grundzüge VWL	Grundzüge VWL	10	4
Statistik	Grundzüge Statistik	6	4
Recht für WiWis	Grundzüge Recht	10	4
Kultur			
WpfG	Grundz. Soziologie + Methoden u. Techniken d. emp. Sozialforschung	10 (5)	4 (4)

Bemerkungen: Zusätzliche Propädeutik: Integrierte Einf. i. d. SoWiWiss. mit schriftl. Arbeit

Universität Tübingen: Eberhard-Karls-Universität Tübingen
Postanschrift: Wilhelmstraße 15, 72074 Tübingen
Sekretariat: Studentensekretariat, Tel. 0 70 71/29-25 19
Zentrale Studienberatung: Wilhelmstraße 11, Tel. 0 70 71/29-25 55
AStA: Wilhelmstraße 30, Tel. 0 70 71/29-26 36/46 61
Fakultät/Fachbereich: Wirtschaftswissenschaftliche Fakultät, Keplerstraße 17, 72074 Tübingen, Tel. 0 70 71/29-25 63/64 15
Statistische Eckdaten:

Hochschullehrer:	20
Wiss. Mitarbeiter:	58
Studenten an der Hochschule insgesamt (WS 93/94):	25.296
Studenten im Studiengang BWL:	1.635
Studienplätze (WS 1993/94):	170
Absolventen (1991):	113

Durchschnittliche Studienzeit (Median):, 1986: 11,4 1987: 11,3 1988: 11,3 1989: 11,0 1990: 10,8 1991: 11,7

Abgeschlossene Promotionen (1991):	3

Studiengang: **BWL/VWL** (D)
(28.8.91)

	Inhalte	SWS	Klausurdauer
TbR	ReWe I (TbR), ReWe II (KLR)	6 (3+3)	4 (2+2)
EDV	Basiswissen Wirtschafts-informatik	4	2
Mathe	Mathe I u. II	8	4 (2+2)
Recht (S)			
Grundzüge BWL	Einf. i. d. BWL, Produktion u. Absatz, Investition u. Finanzierung	12	4
Grundzüge VWL	Mikro I u. II, Makro I u. II	15	4
Statistik	Statistik I u. II	8	4 (2+2)
Recht für WiWis	Privatrecht, Ö-Recht	13	4 (2+2)
Kultur			
WpfG			

Bemerkungen: jeweils **3** Versuche in: Rewe I u. II, Mathe I u. II, Statistik I u. II, EDV, Öffentliches Recht und Privates Recht

Universität Würzburg: Bayerische Julius-Maximilians Universität Würzburg
Postanschrift: Sanderring 2, 97070 Würzburg
Sekretariat: Studienangelegenheiten Referat II/2,
Tel. 09 31/31-2 47/2 45/2 25/2 67
Zentrale Studienberatung: Zentrale Studienberatung, Ottostraße 16, 97070 Würzburg
AStA: Am Hubland, Mensa, 97070 Würzburg, Tel. 09 31/8 88-58 19
Fakultät/Fachbereich: Wirtschaftswissenschaftliche Fakultät, Sanderring 2, 97070 Würzburg, Tel. 09 31/31-9 01
Statistische Eckdaten:

Hochschullehrer:	12
Wiss. Mitarbeiter:	26
Studenten an der Hochschule insgesamt (WS 93/94):	20.454
Studenten im Studiengang BWL:	1.583
Studienplätze (WS 1993/94):	335
Absolventen (1991):	122

Durchschnittliche Studienzeit (Median): 1986: 10,4, 1987: 10,0 1988: 10,4
1989: 10,5 1990: 10,9 1991: 10,4
Abgeschlossene Promotionen (1991): 1

Studiengang: **BWL/VWL** (D)
(5.11.91)

	Inhalte	SWS	Klausurdauer
TbR		2	2×2 od. 4
EDV	Wahlveranst. Wirtschafts-informatik	4	
Mathe	Lineare Algebra, Analysis	6	2×2 od. 4
Recht (S)			
Grundzüge BWL	Grdl. d. BWL, Upol., Absatz, Produktions- u. Kostentheorie, Finanzierung, KoRe, Theorie der Unternehmung	(18+4) 22	4 (2+2)[1]
Grundzüge VWL	AVWL I+II, Mikro, Makro, Wipol.	(16+4) 20	4 (2+2)[2]
Statistik		8	4 (2+2)
Recht für WiWis	Privatrecht, Ö-Recht	8	4 (2+2)
Kultur			
WpfG	Wahlveranst. Mathematik	4	

Bemerkungen: 1) 6-Semester-Frist weicher als RO und ABD
2) Kompensation innerhalb der Fächer bis zur Hälfte möglich
3) Wiederholungsregelung sehr kompliziert und differenziert

4. Schwerpunkte im Hauptstudium der Betriebswirtschaftslehre

Experten sind Leute, die genau begründen können, warum ihre Prognose nicht stimmt. Jo Herbst

Im Hauptstudium der BWL werden generell die Fächer Allgemeine Betriebswirtschaftslehre und Volkswirtschaftslehre bis zum Abschluß als Prüfungs- und Pflichtfächer studiert. In beiden Fächern wird an die Inhalte des Grundstudiums angeknüpft. Die Anforderungen liegen auf einem höheren Niveau und sollen die Studierenden an den Stand der Forschung in diesem Fach heranführen. Inhalte, Aufbau und Art der Vorbereitung der Pflichtfächer auf die Prüfung sind jedoch von Universität zu Universität unterschiedlich.

Der Reiz des Hauptstudiums der Betriebswirtschaftslehre liegt in der größeren Wahlmöglichkeit der Fächer. Die Wahlfächer werden auch als »spezielle Betriebswirtschaftslehren« bezeichnet. Über die Wahl der speziellen Betriebswirtschaftslehren kann bereits eine berufliche Spezialisierung vorbereitet werden. In der Regel werden zwei spezielle Betriebswirtschaftslehren gewählt. Zwar ist die Wahl nicht einfach, doch kann und sollte jeder Student bei der Wahl auf die im Studium bereits erworbenen Erfahrungen und Überblickskenntnisse zurückgreifen.

Auf eine systematische Darstellung der Vertiefungsrichtungen muß hier aus Platzgründen verzichtet werden. Die nachfolgenden Fächer sind Beispiele für Wahlgebiete/spezielle Betriebswirtschaftslehren. Die Übersicht orientiert sich an dem breiten Fächerangebot der Fakultät für Betriebswirtschaftlehre der Universität Mannheim. (Die Fachbeschreibungen sind – zum Teil wörtlich – der aktuellen Broschüre über die Lehrstühle entnommen worden, die intern Studierenden im Hauptstudium zur Verfügung steht).

- *Bankbetriebswirtschaftslehre/Finanzierung:*
  Zu dem Gebiet der Bankbetriebswirtschaftslehre gehört zum einen der innerbetriebliche Ablauf in Banken, dies schließt auch das Börsenwesen ein. Neben den spezifischen Inhalten des Bankmanagements, die wesentlich durch staatliche Aufsicht und rechtliche Be-

ziehungen mitbestimmt werden, geht es auch um die Erfassung des Anlageverhaltens, der Bedingungen der Investitions- und Finanzplanung sowie Erfassung und Steuerung von Zinsänderungsrisiken. Häufig wählen Studierende dieses Fach, die bereits eine Banklehre abgeschlossen haben und beruflich weiter im Bereich der Banken und Finanzdienstleistungen tätig werden wollen.

- *Logistik/Verkehrsbetriebslehre*
  Logistik ist aktuell mit dem Begriff der »just-in-time« Produktion verknüpft. An vielen Universitäten ist ursprünglich institutionell ausgerichtete Verkehrslehre zwischenzeitlich zu einer systemorientierten Logistik weiterentwickelt worden. Untersuchungsgegenstand bleibt aber auch die Rolle einzelner Verkehrsträger, z.B. im Verhältnis der Transportwege Straße, Schiene, Wasser oder Luft. In der Lehre wie in der Praxis geht es um Fragen der Optimierung internationaler Logistikkonzepte oder der Industriestruktur und der Logistik.

- *Internationales Management*
  Vermittelt wird die Komplexität des Managements internationaler Unternehmen. Dabei können alle Aspekte der Betriebswirtschaft aus der Perspektive multinationaler Unternehmen bearbeitet werden, wie z.B. internationales Marketing, internationales Beschaffungsmanagement, internationale Forschung und Entwicklung, Controlling und Organisation in internationalen Unternehmen. Im Vergleich bietet dieses Fach gute Chancen für eine interidisziplinäre Denk- und Arbeitsweise.

- *Marketing*
  Marketing läßt sich als eine marktorientierte Führung von Unternehmen bzw. Unternehmenseinheiten charakterisieren. Marketing bedeutet in diesem Sinn (d.h. als unternehmenspolitische Grundeinstellung) die Führung der Unternehmung vom Absatzmarkt her. Zur Erreichung der Marketing-Ziele dient der systematische Einsatz der Marketinginstrumente. Unter dem Begriff Marketing werden hierbei allerdings nur jene Maßnahmen subsumiert, die primär und unmittelbar auf die Absatzmärkte gerichtet sind, also z.B. produkt-, kommunikations-, preis- und distributionspolitische Maßnahmen. Hinzu kommen Aspekte des Marketing-Prozesses (For-

schung, Planung, Kontrolle) sowie der Marketing-Organisationen. Auch Konsumentenverhalten und Handelsbetriebslehre sind Gegenstand des Faches.

- *Öffentliche Verwaltung*
  Ziel der Öffentlichen Betriebswirtschaftslehre ist es, vornehmlich für Bundes-, Landes- und Kommunalverwaltungen, öffentlich-rechtliche Vereinigungen sowie für öffentliche und andere gemeinwirtschaftliche Unternehmen Erkenntnisse zu entwickeln, die das gesamte betriebswirtschaftliche Spektrum von der Organisation bis zum Rechnungswesen betreffen. Eine öffentliche Verwaltung ist aus ökonomischer Sicht eine Wirtschaftseinheit, in der Verfügungen über materielle und immaterielle Güter im Sinne öffentlicher Ziele auf der Grundlage öffentlichen Eigentums getroffen werden. Eine weitere Spezialisierung, wie z. B. die Führung von Krankenhäusern, ist von Lehrstuhl zu Lehrstuhl unterschiedlich ausgeprägt.
- *Operations Research*
  Operations Research beinhaltet die Entwicklung und Lösung formaler mathematischer Entscheidungsmodelle für komplexe Probleme modellgestützter Planung. Sie findet Anwendung in der Investitions- und Produktionsplanung, im Transport- und Lagerwesen sowie in der technischen Prozeßsteuerung. Der Einsatz der Datenverarbeitung ist unerläßlich und erfordert entsprechende Vorkenntnisse.
- *Organisation*
  Die Effizienz von Organisationen, von öffentlichen und privaten wirtschaftlichen Unternehmungen, Behörden, Vereinen, Bildungseinrichtungen usw., beruht auf der Arbeitsteilung und auf Koordination der arbeitsteilig erbrachten Leistungen im Hinblick auf die Ziele der Organisation. Arbeitsteilung und Koordination sind Gegenstand formaler Beziehungen und Regelungen. Die Gesamtheit aller Regelungen zur Arbeitsteilung und zur Koordination bildet die formale Organisationsstruktur.
- *Personalwesen und Arbeitswissenschaft*
  Gegenstand des Faches Personalwesen ist die menschliche Arbeit im betrieblichen Leistungsprozeß. Als betriebliche Funktion steht das Personalwesen gleichrangig neben Beschaffung, Produktion,

Marketing, Informations- und Finanzwissenschaft. Das Personalwesen befaßt sich mit Entscheidungen, die der Sicherung des erforderlichen Personalbestands sowie der Aufrechterhaltung und Steigerung der menschlichen Leistungsbereitschaft und -fähigkeit im Betrieb dienen. Zum Personalwesen gehören Aspekte der Verfügbarkeit des Faktors Arbeit auf dem Arbeitsmarkt ebenso wie Mitarbeiterführung sowie gesetzliche und tarifrechtliche Normen, die personalpolitische Entscheidungen betreffen.

- *Produktionswirtschaft/Controlling*
  Die Produktionswirtschaft setzt beim Produktionsmanagement ein. Dazu gehören Fragen der Produkt- und Produktionsprogrammplanung, der Standort- und Fabrikplanung, der industriellen Anlagen- und Personalwirtschaft, der Werkstoff- und Energiesicherung, der Layout- und Umweltschutzplanung sowie der Einführung neuer Technologien in der Produktion. Zur Produktionswirtschaft gehört auch die Informationsversorgung des Produktionsmanagements mit Hilfe von Kosten-, Erlös und Erfolgsrechnungen, wie z.B. der Grenzplankosten- und Deckungsbeitragsrechnung, der relativen Einzelkosten- und Deckungsbeitragsrechnung, der ergebnisorientierten Planungs- und Kontrollrechnung mit Betriebs- und Absatzmodellen sowie der Prozeßkostenrechnung.
- *Steuerlehre*
  Die betriebswirtschaftliche Steuerlehre ist als Teilgebiet der entscheidungsorientierten Betriebswirtschaftslehre zu sehen. Sie soll Probleme und Fragen, die aus der Existenz der Besteuerung resultieren, analysieren und transparent machen. Dabei geht es sowohl um die Betreuung des betrieblichen Erfolges und der betrieblichen Leistungsfaktoren als auch um den Einfluß der Besteuerung auf ausgewählte betriebliche Entscheidungen und die für die Beurteilung erforderlichen rechtlichen Grundlagen.
- *Versicherungsbetriebslehre*
  Die Versicherung ist ein ökonomisch-mathematisch-juristisches Phänomen der Neuzeit. Versicherungen dienen bekanntlich der finanziellen Absicherung der Wirtschaftssubjekte gegen vielfältige Risiken. Darüber hinaus haben Versicherungen gesellschaftliche und psychologische Funktionen, vor allem die Minderung von Exi-

stenzängsten. Die Versicherungsbetriebslehre befaßt sich mit der einzelwirtschaftlichen Betrachtung des Versicherungsgeschäfts, der Versicherungsnehmer und der Versicherungsunternehmen sowie der Versicherungsvermittler.

- *Wirtschaftsprüfung/Treuhandwesen*
  Das Fach Wirtschaftsprüfung, Revisions- und Treuhandwesen umfaßt zwei Problembereiche. Zum einen werden die Problembereiche des wirtschaftlichen Prüfungswesens behandelt. Erkenntnisobjekt sind dabei institutionelle Aspekte, die der Analyse der Wirtschaftsprüfungs- und Treuhandbetriebe (Wahl der Unternehmensform, Standort, Organisation) sowie funktionelle Aspekte, die der Analyse der eigentlichen Prüfungstätigkeit und dem Treuhandwesen dienen. Zum anderen ist die Rechnungslegung und die Prüfung von Kapitalgesellschaften Gegenstand des Faches.
- *Wirtschaftsinformatik*
  Als Schnittstelle zwischen Informatik und Betriebswirtschaftslehre arbeitet die Wirtschaftsinformatik mit Techniken und Methoden der Informatik zur Lösung betriebswirtschaftlicher Probleme. Die Wirtschaftsinformatik betrachtet u.a. die Hardware sowie Betriebssysteme und Anwenderarchitekturen.

Die oben genannten speziellen Betriebswirtschaftslehren sind nur Beispiele. Die Auflistung erhebt keinen Anspruch auf Vollständigkeit. Wer spezielle Wahlgebiete im Lehrangebot der Universitäten sucht, wie zum Beispiel Umweltökonomie, der sollte folgendes Nachschlagewerk benutzen: Vademekum Deutscher Lehr- und Forschungsstätten – Stätten der Forschung, Stuttgart: Raabe, 1989

5. Zur Wahl des Studiengangs und der Universität

Wenn alle Wege verstellt sind, bleibt nur der nach oben.
Franz Werfel

Bei sozialwissenschaftlichen Befragungen von Studierenden und Absolventen wird immer wieder die Frage gestellt, welche Gründe und Erwartungen für die Wahl des Studiengangs ausschlaggebend waren. Dabei wurde deutlich, daß die Studiengangs- und Berufswahl ein komplexer Prozeß ist. Da waren Freunde, die bereits dieses Fach studierten, Eltern oder Bekannte, die im kaufmännischen Bereich erfolgreich tätig werden. Sicher kam hinzu, daß der eine oder andere sich über das Studium und seine Fachinhalte informiert hat oder Angebote der Berufsberatung sowie der Studienberatung in Anspruch genommen hat. Letztendlich hat bei vielen Studierenden und Absolventen der Zufall großen Anteil an der Wahl des Studiengangs gehabt. In diesem Prozeß wirken die persönlichen Interessen, Begabungen und Neigungen ebenso mit, wie die Angebote der Studiengänge sowie der beruflichen Ausbildungswege. Äußere Einflußfaktoren, wie z.B. die Entwicklung auf dem Arbeitsmarkt oder Zulassungsbeschränkungen an den Hochschulen, spielen ebenfalls eine wichtige Rolle. Persönliche Wünsche nach einer kreativen und selbstbestimmten Tätigkeit, die ein hohes Einkommen sichert und gute Entwicklungsmöglichkeiten bietet, treten hinzu.

Einige Studieninteressenten haben bereits erfahren, daß immer mehr Studierende ihr Studium vorzeitig abbrechen, entweder um einen anderen Studiengang zu wählen oder ganz die Hochschule zu verlassen. Für sie ist Information und Beratung eher eine vorbeugende Maßnahme. Andere sind sich – aus welchen Gründen auch immer – bereits sicher, dieses oder jenes Fach zu studieren, suchen aber noch nach Bestätigung für ihre Entscheidung. Wiederum andere haben sich zum Ziel gesetzt, ihre Wahl des Studiengangs hundertprozentig abzusichern, indem sie alle Informationen sammeln – für eine Auswertung bleibt dann häufig nicht die Zeit.

Der Prozeß der Studien- und Berufswahl vollzieht sich unabhängig und isoliert von eigenen Grundeinstellungen und der aktuellen Lebenssituation sowie äußeren Einflüssen oder Zwängen. Die nachfolgenden Beispiele aus der Praxis der Studienberatung sind verkürzt dargestellt. Sie sollen lediglich den einen oder anderen zum Nachdenken anregen:

- *Das Studium als Notlösung*
  Ursprünglich beabsichtigte eine Studentin, anstatt des Studiums der Betriebswirtschaftslehre Grafik oder Design zu studieren. Sie scheiterte jedoch an der künstlerischen Eignungsprüfung der Fachhochschule, die Voraussetzung zur Zulassung war. Der unmittelbare Zugang zu ihrem Wunschstudium war ihr damit verwehrt. Für einige Monate hat sie dann als Hilfskraft in einer Werbeagentur gearbeitet. Das Interesse an der Werbung war damit geweckt. Da Werbung und Marketing vermeintlich unmittelbar beieinander liegen und Marketing Teil des Studiums der Betriebswirtschaftslehre ist, entschied sie sich für ein BWL-Studium. Bereits bei den ersten Vorlesungen zu den Grundlagen der Volkswirtschaftslehre kamen bei ihr Zweifel auf, ob sie tatsächlich den richtigen Studiengang gewählt hatte.
- *Das Studium als Zwangslösung*
  Ein anderer Ratsuchender in der Studienberatung verbrachte nach dem Abitur erst einmal ein Jahr im Ausland. Der Reiz der anderen Kultur und das Interesse an anderen Kontinenten weckten den Wunsch, beruflich einige Jahre in verschiedenen Ländern zu verbringen. Seine sportlichen Qualifikationen waren dafür ausschlaggebend, daß er rasch einen Job als Reiseleiter und Animateur erhielt. Nach einem weiteren Jahr, in dem er beruflich bereits Erfolg hatte, wurde er von Eltern und Freunden immer häufiger nach seinen Studienplänen gefragt, konnte jedoch auf diese Fragen keine Antwort geben. Er bewarb sich für das Studium der Betriebswirtschaftslehre. Seinem Studium ging er vorerst nur in den Wintermonaten nach. Den größten Teil des Jahres jobbte er in seiner gut bezahlten ursprünglichen Tätigkeit im Ausland.
- *Das Studium als Zwischenlösung*
  Ein dritter Ratsuchender bewarb sich um einen Studienplatz in Be-

triebswirtschaftslehre. Der von der ZVS zugewiesene Studienplatz lag etwa 500 km vom Heimatort entfernt. Seine Freundin sowie viele Schulfreunde studierten an der benachbarten Universität. Da er diese Kontakte nicht aufgeben wollte, wählte er den benachbarten Studiengang Volkswirtschaftslehre an seiner Wunschuniversität. Nach drei Semestern war es ihm immer noch nicht möglich, zur Betriebswirtschaftslehre zu wechseln.

- *Das Studium als Übergangslösung*
  Eine andere Besucherin der Studienberatung war bereits in der Schulzeit journalistisch tätig. Nach einem Praktikum war sie sich ihres zukünftigen Berufs sicher. Alle Bewerbungen um einen Ausbildungsplatz als Volontärin waren aber vergeblich. Der größte Teil der zahlreichen Bewerber im Medienbereich hatte einen Studienabschluß, überwiegend in den Geistes- und Sozialwissenschaften sowie in speziellen Studiengängen. Um ihre Chancen zu verbessern, entschied sie sich für ein wirtschaftswissenschaftliches Studium. Interesse an kaufmännischen Fragen war vorhanden. In den ersten beiden Semestern arbeitete sie nebenbei als freie Mitarbeiterin bei einem Privatradio. Sicherlich wollte und mußte sie einen Abschluß erwerben. Aber zugleich war sie sich erst jetzt bewußt darüber, daß sie am Studium gar nicht interessiert war. Der Abschluß sollte allein Mittel zum Zweck sein.

Der erste Gedanke bei diesen Schilderungen aus der Praxis der Studienberatung ist falsch. Nicht alle Ratsuchenden, die diese oder ähnliche Probleme haben, brechen ihr Studium ab. Häufig wandeln sich sogar die Vorstellungen und Erwartungen im Verlauf des Studiums. Diese Beispiele sollten lediglich zeigen, wie vielschichtig der Prozeß der Studienfachwahl ist und welche Einflüsse es geben kann. Um ›sein‹ Studium zu finden, sollte sich jeder seine persönlichen Einflüsse, Erwartungen oder Wünsche bewußt machen. Dabei hilft folgende Strategie:

Erster Schritt: Die eigene Informationsbasis verbreitern und professionelle Beratungen nutzen – Beratung und Information

Das Angebot professioneller Beratungs- und Informationsstellen ist groß. Hier die drei wichtigsten Anlaufstellen:

- Berufsberatung für Schüler und Abiturienten der Arbeitsämter

Berufsberater der Arbeitsämter sind heute bereits in berufskundlichen Unterrichtseinheiten in den Schulen präsent. Abiturienten, die zwischen der Alternative berufliche Ausbildung oder Studium schwanken, sind bei der Berufsberatung an der richtigen Adresse. Hier sind Informationen auch über spezielle Ausbildungsgänge für Abiturienten verfügbar, wie z. B. die Berufsakademien. In der Berufsberatung laufen Informationen über das örtliche Ausbildungsangebot zusammen. Darüber hinaus bieten die Arbeitsämter den Service eines Psychologischen Dienstes an. Es kann eine interessante persönliche Erfahrung sein, beim Psychologischen Dienst an einem Eignungs-, Interessens- oder Intelligenztest teilzunehmen.

- Zentrale Studienberatungen an den Universitäten

Fast jede Universität bietet eine zentrale Studienberatung an. Diese Stelle wendet sich insbesondere an Studieninteressierte – in der Regel ist jeder zweite Ratsuchende in der Studienberatung noch nicht als Student eingeschrieben. Die Beratungsstellen informieren über die Studienmöglichkeiten an der jeweiligen Universität, über Zulassungsbedingungen, ggf. auch Zulassungsbeschränkungen und die weiteren Verfahren der Bewerbung. Anliegen der Studienberatung ist aber in erster Linie eine persönliche Beratung über Studieninhalte, -voraussetzungen und -verläufe.

- Fachstudienberatung

Die Fachstudienberatung wendet sich in erster Linie an Studienanfänger und Studenten. Hier stehen fachspezifische Fragen im Vordergrund der Beratung. Alle Studieninteressierten, die Fragen zu spezifischen Schwerpunkten und Forschungsgebieten haben, sollten sich an die Fachstudienberatung wenden.

Neben diesen professionellen Beratungsangeboten bieten zahlreiche andere Beratungseinrichtungen Studienberatung an. Dazu gehören z.B. aktive Fachschaften. Hier informieren und beraten Studenten ihre späteren Kommilitoninnen und Kommilitonen. Auch Frauenkommissionen oder studentische Initiativen sind als Studienberatung ansprechbar.

Es wäre falsch zu erwarten, daß die Studienberatung den »richtigen« Studiengang empfehlen kann. Studienberater sind keine Staubsaugervertreter. Um unterschiedliche Positionen und Beurteilungen kennenzulernen, ist zu empfehlen, mindestens an zwei oder drei Universitäten persönliche Beratungsgespräche zu führen.

Zweiter Schritt: Den Kontakt zu Praktikern in dem späteren Berufsfeld suchen – Praktika und Doppelqualifikationen

Mit etwas Phantasie und Initiative findet sich im weiteren Bekanntenund Freundeskreis der Eltern jemand, der nach Abschluß eines Studiums der Betriebswirtschaftslehre beruflich tätig ist. Auch im Kreis der Eltern der Mitschüler können sich Gesprächspartner finden. Hier sollte sich der Studieninteressent schildern lassen, wie die jeweilige berufliche Tätigkeit aussieht.

Viele Studieninteressierte denken auch an ein Praktikum. Für das Studium der Betriebswirtschaftslehre an Universitäten ist ein (Vor-) Praktikum keine Pflicht. Anders an Fachhochschulen. Hier sind Praktika vor Beginn des Studiums von einigen Wochen bis hin zu mehreren Monaten Dauer vorgeschrieben. Das Studium an den Universitäten setzt keine spezifischen Kenntnisse aus dem kaufmännischen Bereich voraus. Wer zwischen Schulabschluß und Studienbeginn einige Monate Zeit hat, kann in einem Praktikum persönliche Erfahrungen sammeln. Voraussetzung ist ein entsprechender Einsatz, denn generell sind Praktikanten ohne erste Erfahrungen aus dem Studium für Betriebe wenig attraktiv – es fehlt an Einsatzmöglichkeiten. Die Gefahr ist groß, daß Praktikanten lediglich für Hilfsarbeiten eingesetzt werden. Es kann daher keine generelle Empfehlung gegeben werden, ob vor Studienbeginn ein Praktikum sinnvoll ist. Dies hängt von der jeweiligen Praktikumsstelle ab.

Fast jeder fünfte Student der Betriebswirtschaftslehre hat heute vor Studienbeginn eine Berufsausbildung abgeschlossen. Häufige Berufsabschlüsse sind Bankkaufmann, Industriekaufmann und Versicherungskaufmann. Eine entsprechende Doppelqualifikation galt und gilt auch weiter als Plus beim beruflichen Einstieg. Gesicherte Erkenntnisse über den Berufseinstieg fehlen aber.

Der Weg über eine Berufsausbildung und ein anschließendes Studium eignet sich sicher für jene, die nach der Schule zuerst einmal praktische Erfahrungen in einem Unternehmen sammeln wollen. Die Zulassungschancen für einen Studienplatz im Anschluß an die Berufsausbildung verbessern sich durch die Anrechnung der Wartezeit. Studierende mit Berufsausbildung haben im Studium der Betriebswirtschaftslehre durchaus fachliche Vorteile – insbesondere dann, wenn sie praktische Anwendungen bereits in ihrem Betrieb kennengelernt haben. Studierende können so von Fall zu Fall Brücken zwischen Theorie und Praxis bauen. Eine Berufsausbildung ist aber keine Garantie dafür, daß das Studium leichter und schneller absolviert wird.

Dritter Schritt: Das Studienangebot der Universitäten miteinander vergleichen – Universitäts-Ranking

Weit über 40 Universitäten in der Bundesrepublik Deutschland bieten den Studiengang Betriebswirtschaftslehre mit Abschluß Diplom an. Nimmt man andere wirtschaftswissenschaftliche Abschlußrichtungen mit hinzu, so wird der Kreis der Universitäten noch größer. Wie soll man hier einen Überblick gewinnen, die unterschiedlichen Schwerpunkte herausfinden oder sogar die Qualität der Ausbildung bewerten? Viele Studieninteressierte stellen in der Beratung die Frage: Welches ist die »beste Universität« für das Studium der Betriebswirtschaftslehre? Vermeintliche oder tatsächliche Antworten liefern sogenannte Ranglisten deutscher Universitäten, die regelmäßig in Nachrichtenmagazinen, Illustrierten oder Manager-Magazinen veröffentlicht werden. Um es gleich vorweg zu sagen: derartige Ranglisten sind durchaus eine interessante Lektüre und können persönliche Anregungen geben. Voraussetzung dafür ist eine sachgerechte Einordnung und Bewertung der Ergebnisse.

Allen Ranglisten ist gemeinsam, daß mit der jeweils gewählten Methode nur ganz bestimmte, zumeist eng begrenzte Teilaspekte der Hochschulwirklichkeit wiedergeben werden. So werden Ranglisten veröffentlicht, die aufgrund von Interviews oder Fragebogenaktionen unter Studierenden, Professoren oder Personalchefs zusammengestellt wurden. Darüber hinaus liefert auch die Hochschulstatistik Angaben über die Studiendauer, die Anzahl der Absolventen, Promotionen oder Habilitationen, die in eine Rangfolge eingehen können. Abhängig davon, ob die Ranglisten aufgrund subjektiver Bewertungen oder Einschätzungen der Befragten zusammengestellt werden oder aufgrund amtlicher Statistiken, ergeben sich unterschiedliche Reihenfolgen. Ranglisten können für Studieninteressierte daher keine unmittelbare Orientierung sein, an welcher Universität sie ihr Studium aufnehmen sollen, da zum einen kein Interviewpartner – seien es Professoren, Studenten, Personalberater oder andere Experten – für sich in Anspruch nehmen kann, die Gesamtsituation an allen Universitäten bzw. den jeweiligen Fakultäten oder Fachbereichen zu kennen. Zum anderen ist die Situation innerhalb einer Fakultät oder eines Fachbereichs von Lehrstuhl zu Lehrstuhl noch einmal unterschiedlich. Dies betrifft z.B. die Betreuungsqualität bei Diplomarbeiten oder das Engagement in der Lehre. Darüber hinaus ist nicht zu vergessen, daß sich die Kriterien für eine »gute Universität« im Studienverlauf wandeln. Sind es zu Beginn des Studiums eine klare Organisation des Studiums und Veranstaltungen mit begrenzten Teilnehmerzahlen, werden es zum Ende des Studiums bestimmte Forschungsschwerpunkte oder Projekte sein, die von einem Lehrstuhl vorangetrieben werden.

Universitäten und ihre Fachbereiche reagieren durchaus sensibel, wenn sie sich auf unteren Rangplätzen wiederfinden. Sie fürchten nicht zuletzt auch rückläufige Studentenzahlen. Nicht ganz unberechtigt, denn für Studieninteressierte – zumal in der Betriebswirtschaftslehre – ist der »Ruf« der Universität durchaus ein Entscheidungskriterium. Welche konkreten Empfehlungen sind daraus abzuleiten?

Allen Studieninteressierten ist zu raten, möglichst mehrere aktuelle Ranglisten aus der Presse zu sammeln. Was waren dort die jeweiligen Kriterien? Welche Methoden wurden angewandt? Dann sollte sich jeder seine eigene Liste mit Kriterien zusammenstellen. Zum Studienbeginn sind es auch fachfremde Kriterien, wie z. B. die Wohnsituation, die mit einbezogen werden sollten. Sehr rasch tauchen dann Fragen auf:

- Ist es für mich sinnvoll, an einer besonders großen und traditionsbewußten Universität zu studieren, die zwar ein breites Fächerangebot hat, aber zugleich besonders viele Studenten anzieht?
- Ist es für mich wichtig, an einem Hochschulort zu studieren, der auch im Freizeitbereich attraktiv ist, oder bin ich auch bereit, an eine der zahlreichen jüngeren Universitäten zu gehen, die außerhalb der Ballungszentren liegen?
- Wie sind die konkreten Studienbedingungen? Wieviele Teilnehmer sind in den Einführungsveranstaltungen? Wie ist die Situation in der Bibliothek und im Rechenzentrum?
- Welche Fächer möchte ich neben meinem Fachstudium kennenlernen?

Diese und andere Fragen sind die Grundlage für ein persönliches Ranking der Universitäten. Nur ein Teil der notwendigen Informationen ist aber aus Studienführern und Hochschulbroschüren zu entnehmen. Jeder Studieninteressent sollte mindestens vier bis fünf Universitäten jeweils für ein bis zwei Tage persönlich besuchen. Anlaufstellen an den Universitäten sind die Studienberatungen, die Studentenvertretungen sowie die Fachschaften. In der Vorlesungszeit wird es niemandem verwehrt, an Vorlesungen teilzunehmen oder die Bibliothek zu besuchen.

Aus der Erfahrung der Studienberatung ist bekannt, daß die überwiegende Zahl der Studienbewerber sich an der nächstgelegenen Universität bewirbt. Finanzielle Gründe, insbesondere die schlechte Situation auf dem Wohnungsmarkt, zwingen viele zu diesem Weg. Trotzdem sollte jeder die Initiative entwickeln, mehrere Universitäten zumindest vorher zu besuchen. Erst durch den Vergleich entwickelt sich ein persönlicher Eindruck, der vielleicht später noch einmal bei einem Hochschulwechsel genutzt werden kann.

Vierter Schritt: Mut zur Entscheidung

Am Ende jeder noch so gründlichen Information und Beratung ist eine persönliche Entscheidung zu treffen. Erst in der tatsächlichen Praxis des Studiums kann das Interesse, besser noch die Neugier, auf das Studium und seine Inhalte unter Beweis gestellt werden. Bereits im ersten Semester ist auch die Eignung für das Studienfach unter Beweis zu stellen. Die Anforderungen sind zweifelsohne hoch und nicht mit denen aus der Schulzeit vergleichbar.

Jeder Studierende sollte die Wahl seines Studiengangs zum Ende des ersten Semesters noch einmal gründlich überdenken und sich selbst Antworten auf folgende Fragen geben:

- Sind meine Erwartungen erfüllt worden? Warum bin ich ggf. enttäuscht?
- Bin ich in der Lage, mit meinen bisherigen Lern- und Arbeitstechniken den Stoff zu erarbeiten?
- Habe ich mich ausreichend auf mein Studium konzentriert?
- Habe ich von Fall zu Fall Interesse daran gehabt, Anregungen aus den Veranstaltungen durch eigene Arbeit weiter zu vertiefen?
- Bin ich wirklich bereit, mich für die nächsten drei bis vier Jahre diesem Studiengang mit voller Kraft zu widmen?
- Bin ich mit der selbständigen Arbeitsweise und der weitgehend freien Arbeitseinteilung im Studium zurechtgekommen?
- Daß eine Studentin oder ein Student nach dem ersten Semester Zweifel oder Bedenken hat, kommt nicht selten vor. Sind dies bereits Gründe für den Abbruch des Studiums? Hier kann eine persönliche Studienberatung Klarheit geben.

Generell brechen 20 bis 40% der Studierenden ihr Studium ab. Einige Studienabbrecher wählen einen anderen Studiengang, andere wechseln in eine berufliche Ausbildung und wiederum andere unterbrechen ihr Studium, um es später fortzusetzen. In der Betriebswirtschaftslehre wie auch in anderen Studiengängen müssen manche ihr Studium abbrechen, weil sie mehrfach durch eine Prüfung gefallen sind und eine Fortsetzung des Studiums nach der Prüfungsordnung verwehrt wird. Wohl die meisten Studierenden brechen ihr Studium ab, weil mehrere Gründe zusammenkommen, wie z.B. geringes Fachinteresse, schlechte Studienleistungen sowie eine berufliche Alternative außerhalb der Universität. Genaue Zahlen über das Abbrecherverhalten liegen nicht vor. Generell ist es für die weitere persönliche und berufliche Entwicklung günstig, wenn die Entscheidung für einen Studienabbruch möglichst früh fällt. Sozialwissenschaftliche Untersuchungen haben gezeigt, daß Studienabbrecher im weiteren beruflichen Weg durchaus keine schlechten Chancen haben.

Das Thema Studienabbruch sollte daher nicht als drohendes Gespenst behandelt werden, das möglichst verdrängt wird. Ebenso wie sich jeder, der am Studium interessiert ist, vor Beginn des Studiums bewußt für sein Studienfach entscheiden sollte, ist jedem Studierenden zu empfehlen, nach dem ersten Semester Bilanz zu ziehen.

6. Zu den Verfahren der Bewerbung und Zulassung zum Studium

Im Zusammenhang mit der Bewerbung zum Studium denken fast alle Abiturienten zuerst an die Stichworte Numerus Clausus, Zulassungsbeschränkungen und Wartezeit. Wie kommt es zu Zulassungsbeschränkungen?

Die Universitäten haben eine begrenzte Ausbildungskapazität. Diese Kapazität, die nach genauen rechtlichen Vorgaben für alle Universitäten ermittelt wird, richtet sich generell nach der Anzahl der Professoren, Dozenten und wissenschaftlichen Mitarbeiter. Liegt die Nachfrage, d.h. die Zahl der Bewerber für einen Studiengang erheblich über der Zahl der verfügbaren Studienplätze, so können Zulassungsbeschränkungen eingeführt werden. Die Universitäten sind verpflichtet, ihre Ausbildungskapazität erschöpfend auszulasten.

Bei genauer Betrachtung liegen Zulassungsbeschränkungen im Interesse der Studenten, die an einer angemessenen Ausbildung und Betreuung interessiert sind. In der Praxis ist jedoch auch in den zulassungsbeschränkten Studiengängen die Zahl der Studienplätze so bemessen, daß speziell im Grundstudium Vorlesungen von mehreren hundert Studierenden besucht werden müssen. In Übungen oder Tutorien, wo alle Teilnehmer zu aktiver Mitarbeit aufgefordert sind, ist ebenfalls mit 50 Studierenden pro Veranstaltung zu rechnen. Schlagworte wie Massenuniversität und Ausbildung unter Überlastbedingungen kennzeichnen die Situation treffend.

Zulassungsbeschränkungen können aufgehoben werden, wenn die Zahl der Bewerber in absehbarer Zeit rückläufig ist und die verfügbare Zahl der Studienplätze ausreicht. Nachfolgende Grafik zeigt die Entwicklung der Zahl der Studienbewerber sowie die Anzahl der Studienplätze im Studiengang Betriebswirtschaftslehre:

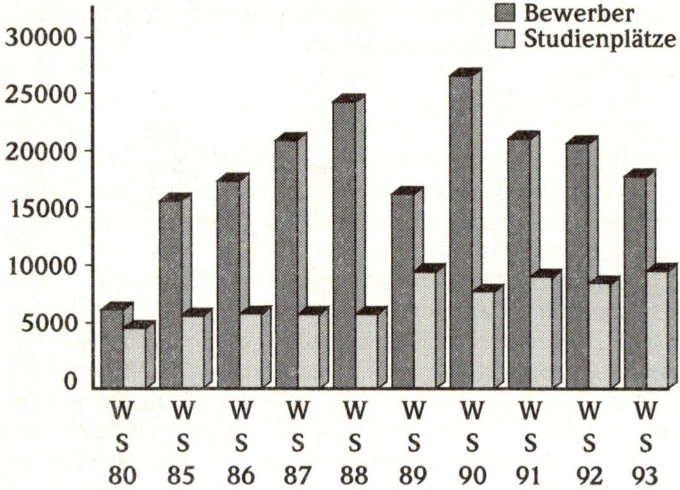

	WS 80/81	WS 85/86	WS 86/87	WS 87/88	WS 88/89
Bewerber	6693	15819	17625	20981	24389
Studienplätze	5206	6350	6407	6443	6299
Verhältnis Bewerber : Studienpl.	1,3:1	2,5:1	2,8:1	3,3:1	3,9:1
Zulassungen	6868	15819	17625	20981	24389
Einschreibungen	4203	9422	10475	12579	15348

	WS 89/90	WS 90/91	WS 91/92	WS 92/93	WS 93/94
Bewerber	16575	26624	21473	21003	18202
Studienplätze	10175	8286	9666	9241	10300
Verhältnis Bewerber : Studienpl.	1,6:1	3,2:1	2,2:1	2,3:1	1,8:1
Zulassungen	15369	26617	15127	17476	17272
Einschreibungen	8881	16904	8865	8198	9142

(Quelle: Berechnungen des Wissenschaftsrates nach Statistiken der ZVS).

Das Interesse am Studium der Betriebswirtschaft ist gemessen an der Zahl der Bewerbungen in den letzten zehn Jahren erheblich angestiegen. Die Zahlenangaben beziehen sich immer auf das Wintersemester (zahlreiche Universitäten lassen Studienanfänger nur zum Wintersemester zu). Das Verhältnis zwischen Bewerbern und Studienplätzen spiegelt noch einmal die Ursache für die Einführung von Zulassungsbeschränkungen wider. Ab Wintersemester 1993/94 zeichnet sich eine gewisse Entspannung der Zulassungssituation ab. Fast alle rund 18.000 Bewerber und Bewerberinnen erhielten eine Zulassung zum Studium – genauer gesagt verschickte die ZVS 17.272 Zulassungsbescheide. Nur 9.142 zugelassene Kandidaten schrieben sich dann tatsächlich an den Universitäten ein. Diese Zahl lag noch unter der Studienplatzkapazität. Zahlreiche Studienplätze wurden dann im Losverfahren vergeben. Ein Teil der zugelassenen Kandidaten konnte aufgrund einer Einberufung zur Bundeswehr oder zum Zivildienst das Studium nicht antreten; andere haben es sich noch kurz vor der Einschreibung anders überlegt.

Als Fazit ist festzuhalten, daß die besonders großen Bewerberzahlen für die Betriebswirtschaftslehre vorläufig der Vergangenheit angehören. Folgerichtig entspannt sich auch die Situation bei den Zulassungsbeschränkungen.

Bewerbung

Über das aktuell geltende Bewerbungsverfahren für den Studiengang der Betriebswirtschaftslehre informieren die Studienberatungen an den Universitäten. Da sich das jeweilig gültige Bewerbungsverfahren von Semester zu Semester ändern kann, wird nachfolgend eine Übersicht über die wesentlichen Bewerbungsverfahren gegeben.

Für die Bewerbung und Zulassung zum Studium gelten verschiedene Verfahren. Zu unterscheiden sind:

Studiengänge, die in das zentrale Vergabeverfahren der ZVS einbezogen sind.

Für viele Studienbewerber führt der Weg zum Studienplatz über die ZVS (Zentralstelle für die Vergabe von Studienplätzen, Postanschrift: ZVS, 44128 Dortmund). Dem ZVS-Info ist zu entnehmen, welche Studiengänge über eine Bewerbung bei der ZVS vergeben werden. Studienplätze für Studiengänge, die nicht hier aufgeführt sind, werden unmittelbar von der jeweiligen Universität vergeben. Das ZVS-Info enthält auch den Zulassungsantrag, den Sie ausfüllen und an die ZVS senden. Neben dem besonderen Auswahlverfahren, das nur für die medizinischen Studiengänge Geltung hat, vergibt die ZVS Studienplätze in zwei Vergabeverfahren:

Allgemeines Auswahlverfahren

In Studiengängen des Allgemeinen Auswahlverfahrens können nicht alle Bewerber zugelassen werden. Maßgebend für die Auswahl sind die Durchschnittsnote des Abiturzeugnisses und die Wartezeit. Im Allgemeinen Auswahlverfahren werden die Studienplätze nach Quoten vergeben. Von den verfügbaren Studienplätzen werden zunächst Vorabquoten für bestimmte Bewerbergruppen wie Ausländer, Härtefälle, Zweitstudienbewerber usw. abgezogen (vergleiche: Auswahlverfahren*).

Verteilungsverfahren

Im Verteilungsverfahren der ZVS ist jedem Studienbewerber ein Studienplatz sicher. Das Verteilungsverfahren stellt lediglich sicher, daß die Bewerber gleichmäßig auf die Hochschulen verteilt werden (vergleiche Verteilungsverfahren*).

Studiengänge, für die an den Universitäten Zulassungsbeschränkungen bestehen (interne Zulassungsbeschränkungen)

Studienbewerber wenden sich direkt an die Universitäten. Bewerbungsunterlagen gibt es (ab Mai für das folgende Wintersemester und ab November für das folgende Sommersemester) bei den Studentensekretariaten. In Studiengängen mit hochschulinterner Zulassungsbeschränkung können nicht alle Bewerber zugelassen werden. Die Auswahl erfolgt auch hier nach den Kriterien des Allgemeinen Auswahlverfahrens.

Studiengänge ohne Zulassungsbeschränkung

Studienbewerber wenden sich direkt an die gewünschte Universität und können sich ohne vorherige Bewerbung direkt einschreiben.

Für jedes Semester erstellen die Universitäten ein aktuelles Merkblatt zum Bewerbungsverfahren. Daraus ist zu entnehmen, für welche Studiengänge welches Bewerbungsverfahren gültig ist. Dieses Merkblatt kann in der Regel bei der Studienberatung oder im Studentensekretariat angefordert werden.

Immer wieder versäumen Studienbewerber wichtige Termine. Folgender Zeitplan sollte berücksichtigt werden:

Bewerbungsunterlagen anfordern:
- Ab November/Dezember für Bewerbungen um Zuweisung eines Studienplatzes zum Sommersemester
- Ab Mai/Juni für Bewerbungen um Zuweisung eines Studienplatzes zum Wintersemester

Bewerbungsfristen der ZVS und der uni-internen Verfahren:
- 15. Januar für das Sommersemester
- 15. Juli für das Wintersemester

Versand der Zulassungs- oder Ablehnungsbescheide:
- In Studiengängen des allgemeinen Auswahlverfahrens der ZVS ab Anfang März für das Sommersemester

- In Studiengängen des allgemeinen Auswahlverfahrens der ZVS ab Anfang September für das Wintersemester
- In Studiengängen im hochschulinternen Vergabeverfahren ab Anfang März für das Sommersemester
- In Studiengängen im hochschulinternen Vergabeverfahren ab Anfang September für das Wintersemester

Mit dem Zulassungsbescheid erhält jeder Bewerber eine Erklärung über die Annahme des Studienplatzes, die innerhalb der angegebenen Frist ausgefüllt an die Universität zurückzusenden ist. Außerdem werden mit dem Zulassungsbescheid die Termine für die Immatrikulation mitgeteilt. Noch ein Tip: Zuerst sollte jeder Bewerber die Fristen für die Annahme des Studienplatzes und die Immatrikulation beachten und dann erst den Urlaub planen.

Immatrikulation

Das Studium beginnt mit der Immatrikulation. Mit der Immatrikulation, d.h. der Einschreibung in die Matrikel (Studentenverzeichnis), wird der Status des Studenten erworben. Die Immatrikulation ist persönlich zu dem im Zulassungsbescheid angegebenen Termin in den Studentensekretariaten vorzunehmen.

Die genauen Immatrikulationstermine werden von Semester zu Semester neu festgelegt. Für das jeweilige Sommersemester liegen die Termine ab Anfang Februar und für das Wintersemester ab Anfang August. Für eine Immatrikulation müssen in der Regel folgende Unterlagen vorgelegt werden:
- der Zulassungsbescheid der ZVS bzw. der Universität
- das Abiturzeugnis im Original
- Paßbilder
- falls Sie bereits an einer Hochschule immatrikuliert waren, das Studienbuch und die Exmatrikulationsbestätigung
- Nachweis über den eingezahlten Beitrag für das Studentenwerk
- Nachweis der Krankenversicherung

Diese Liste ist nur ein Hinweis und erhebt nicht den Anspruch auf Vollständigkeit.

Bei der Immatrikulation erhält in der Regel jeder Studierende von der Hochschule i. d. R. folgende Unterlagen und Bescheinigungen:

Studienbuch
In das Studienbuch sollen Sie alle Lehrveranstaltungen eintragen, an denen Sie teilnehmen. Durch das Studienbuch wird Ihr Studienverlauf dokumentiert.

Studentenausweis
Mit dem Studentenausweis können Sie nachweisen, daß Sie als Studierender immatrikuliert sind. Durch Vorlage des Studentenausweises können Sie bei verschiedenen Einrichtungen Vergünstigungen in Anspruch nehmen (u.a. Preisermäßigungen bei Verkehrsmitteln, bei verschiedenen Theatern und Kinos, Museen und Ausstellungen, Opern und Konzerten, Badeanstalten, sonstigen öffentlichen Einrichtungen und Veranstaltungen).

Studienbescheinigungen
Studienbescheinigungen/Immatrikulationsbescheinigungen werden für verschiedene Zwecke benötigt (z. B. zur Vorlage beim Finanzamt, Wohngeldamt, Krankenkasse usw.). Die Bescheinigungen werden Ihnen einige Wochen nach der Immatrikulation zugeschickt.

Immatrikulationstermine:

Zeitplan:
- Die Immatrikulationstermine für das Sommersemester beginnen ab Anfang Februar
- Die Immatrikulationstermine für das Wintersemester beginnen ab Anfang August

Falls die von den Universitäten gesetzten Fristen nicht eingehalten werden können, sollte unbedingt mit dem Studentensekretariat Kontakt aufgenommen werden. Nach der Frist werden die Studienplätze neu vergeben.

Rückmeldung

Um das Studium im folgenden Semester fortsetzen zu können, muß sich jeder Studierende zurückmelden. Die Rückmeldeaufforderung erhalten Sie Mitte des laufenden Semesters. Wird die Rückmeldung nicht termingerecht durchgeführt, so erfolgt die Streichung aus der Liste der Studierenden (Exmatrikulation).

Beurlaubung/Studienunterbrechung

Auf persönlichen Antrag hin kann sich jeder Studierende beurlauben lassen, wenn entsprechende Gründe vorliegen. Die Zeit der Beurlaubung soll in der Regel zwei Semester nicht übersteigen.

Wer das Studium unterbrechen will und sich nicht beurlauben lassen kann, muß sich exmatrikulieren. Wer das Studium eventuell später wieder aufnehmen möchte, muß beachten, daß in zulassungsbeschränkten Studiengängen ein (Wieder-)Einstieg in ein höheres Semester von Zulassungsbeschränkungen abhängig ist.

Studienplatztausch

Ein Studienplatztausch ist grundsätzlich nur dann möglich, wenn der tauschwillige Student einen Partner gefunden hat, der im gleichen Studiengang und im gleichen Fachsemester eingeschrieben ist. Beide Bedingungen müssen gleichzeitig erfüllt sein. Wer den Studienplatz tauschen will, kann sich z.B. an folgende Organisationen wenden:

- VSB Verein zur Förderung studentischer Belange e.V., Postfach 1829, 53008 Bonn, Tel. 02 28/22 42 20
- RCDS (Ring Christlich Demokratischer Studenten) Abt. Studienplatztausch, Friesdorfer Str. 149, 53008 Bonn, Tel. 02 28/38 42 13 oder 46 49 33

Auch über Anschläge an den Schwarzen Brettern können Tauschpartner gefunden werden. Die Universitäten selbst vermitteln keine Tauschpartner.

Doppelstudium

Für ein Doppelstudium/Parallelstudium ist es erforderlich, nicht nur eine Zulassung für das Studium der Betriebswirtschaftslehre zu haben, sondern auch für den zweiten Studiengang. Das Universitätsgesetz des Landes Baden-Württemberg sagt z. B., daß Bewerber für ein Doppelstudium/Parallelstudium ihre Befähigung nachweisen müssen, beide Studiengänge innerhalb der Regelstudienzeit erfolgreich zu beenden. Dieser Nachweis ist in der Regel nicht erbracht, wenn die bisherigen Studienleistungen nicht mindestens mit der Note »gut« bewertet sind. Wer ein Doppelstudium plant, der sollte sich sorgfältig beraten lassen.

Grundlagen der Studienplanung

Am Anfang des Studiums kann niemand die gesamte Studienzeit vorausplanen. Auf der anderen Seite ist aber auch eine individuelle Studienplanung von Semester zu Semester zu kurzsichtig. Bevor der Stundenplan für das erste Semester zusammengestellt wird, ist zu empfehlen, sich zumindest für den ersten Abschnitt, das Grundstudium, eine Übersicht über die geforderten und empfohlenen Studieninhalte zu verschaffen. Die wichtigsten Informationsquellen dazu sind Studienplan und Prüfungsordnung. In der Prüfungsordnung sind insbesondere folgende Punkte geregelt:

- Zweck der Prüfung
- Regelstudienzeit, in der die Prüfung abgelegt werden soll
- Anforderungen in der Prüfung

- Zulassungsvoraussetzungen
- Prüfungsorgane.

Prüfungsordnungen sind Satzungen, d. h. juristische Paragraphen und Verfahrensregeln, die sich gerade zu Beginn des Studiums nicht sofort leicht erschließen. Trotzdem sollte jeder Studierende im ersten Semester einen Blick in die Prüfungsordnung werfen. Studieneinführungen und andere Beschreibungen des Studienaufbaus können Ihnen die Prüfungsordnung erläutern. Maßgebend bleiben aber die Regelungen der Prüfungsordnung.

Auf der Grundlage der Prüfungsordnung haben die Fakultäten oder Fachbereiche in der Regel einen Studienplan zusammengestellt. Dieser Studienplan empfiehlt für jedes Semester des Grund- und Hauptstudiums den Besuch bestimmter Veranstaltungen. Der Studienplan bietet damit eine wichtige Orientierung für die Zusammenstellung des eigenen Stundenplans. Der Studienplan hat Empfehlungscharakter, d. h. an einigen Fakultäten oder Fachbereichen ist auch eine andere Zusammenstellung der zu besuchenden Veranstaltungen denkbar und sinnvoll.

Bei der Zusammenstellung des eigenen Stundenplans sind also noch einmal zusammengefaßt folgende Informationen notwendig:

- Vorlesungsverzeichnis
- ggf. kommentiertes Vorlesungsverzeichnis
- Prüfungsordnung
- Studienplan.

Dem Vorlesungsverzeichnis sind die Termine und Orte der Veranstaltungen zu entnehmen. Änderungen, die an der Universität zum Alltag gehören, werden an Schwarzen Brettern ausgehängt. Prüfungsordnung und Studienplan geben Ihnen an, welche Veranstaltungen in welcher Reihenfolge zu besuchen sind, um die Studien- und Prüfungsleistungen zu erbringen. Immer wieder kommt es vor, daß die Bezeichnung der aktuellen Veranstaltung von der Bezeichnung im Studienplan abweicht. Hier kann nur eine Frage an den Veranstalter oder die Studienberater Zweifel klären.

Bei der Zusammenstellung der Veranstaltungen kommt es immer wieder zu Terminüberschneidungen, d. h. zwei Veranstaltungen werden gleichzeitig angeboten. Folgende allgemeine Regeln können berücksichtigt werden, um sich die Zusammenstellung der Veranstaltungen zu erleichtern:

- Zuerst sollten die Vorlesungen, die zur Einführung in die Studiengebiete angeboten werden, in den Stundenplan eingetragen werden.
- Danach sollten die Seminare und Übungen festgelegt werden, die auf die anstehenden Prüfungen zu Semesterende vorbereiten.
- Dann sollten ggf. Übungen ergänzt werden, die an mehreren Fakultäten oder Fachbereichen angeboten werden und damit zeitlich alternativ gelegt werden können.
- Der Besuch von Veranstaltungen anderer Fakultäten oder aus dem Angebot des Studium Generale sollte zum Schluß nicht vergessen werden.

Es ist nicht selten, daß auch nach genauem Studium des Studienplans und der Prüfungsordnung sowie des Vorlesungsverzeichnisses noch Fragen zum Stundenplan offen bleiben. In vielen Fakultäten kann auch zwischen mehreren Alternativen der Kombination von Pflicht-, Wahlpflicht- und Wahlveranstaltungen gewählt werden. Deshalb sollte jeder Studienanfänger nach Einführungsveranstaltungen Ausschau halten, in denen Dozenten der Fakultät oder Studierende der Fachschaft Erläuterungen zum Aufbau des Studiums geben.

Bereits in den ersten Wochen des Studiums sollte jeder Studienanfänger sich über das Bibliothekssystem seiner Universität informieren. In der Regel finden zu Semesterbeginn Bibliotheksführungen statt.

7. Strategien zur Studienzeitverkürzung

> Wer alle Ziele erreicht, hat sie wahrscheinlich zu niedrig angesetzt.
> Herbert von Karajan

In welcher Zeit kann ich das Studium der BWL zum Abschluß bringen? Diese Frage stellt sich heute fast jeder Studieninteressent. Die Antwort ist nicht ganz einfach. Die Regelstudienzeit, d.h. die Zeit nach der gemäß Prüfungsordnung ein Studium abgeschlossen werden kann, liegt in der BWL bei 8–9 Semestern. Die tatsächliche Studienzeit, in der aktuell die Studierenden ihren Abschluß machen, liegt um einige Semester, ja zum Teil Jahre darüber. Viele Studieninteressierte sind über diese Ausbildungsdauer erschrocken. Nicht wenige, oft besonders qualifizierte Abiturienten, wenden sich häufig voreilig kürzeren Ausbildungswegen an Fachhochschulen oder Berufsakademien zu. Diese Betroffenheit über die vermeintlich oder tatsächlich lange Studienzeit nimmt bei den späteren Studenten rasch ab. Fast ist man geneigt zu behaupten, daß sich an der Universität bereits nach wenigen Semestern ein mysteriöser Verlust des Zeitgefühls einschleicht.

Welche Gründe sprechen dafür, die gegenwärtig im Durchschnitt über 11 Semester dauernde Studienzeit in BWL zu verkürzen? Die Argumente sind bekannt: Im Wettbewerb mit Absolventen anderer europäischer Länder, die häufig nach kürzerer Schulzeit, ohne vergleichbare Dienstzeiten bei der Bundeswehr oder im Zivildienst und kürzerem Studium vielfach einige Jahre jünger sind, gilt es, den Anschluß nicht zu verpassen. Die Unternehmen wünschen sich Bewerber, die noch vor beginnender Midlife-crisis ihre ersten beruflichen Erfahrungen sammeln. Auch die Universitäten machen sich inzwischen Gedanken darüber, warum in der Statistik immer mehr Langzeitstudierende eingeschrieben bleiben.

Angesichts dieser sicher wichtigen Hintergründe, die für eine Verkürzung der Studienzeiten sprechen, wäre es für jeden Studierenden wichtig, eine individuelle Strategie zur Gestaltung einer sinnvoll bemessenen Studienzeit zu erarbeiten. Dazu einige Empfehlungen:

Zahlreiche Abiturienten und Abiturientinnen zieht es nach Abschluß der Schule erst einmal für einige Monate in das Ausland. Dabei spielen der Reiz der Ferne, der Abstand zum Elternhaus oder die Verbesserung der Fremdsprachenkenntnisse eine Rolle. Unabhängig davon, wie lange der Auslandsaufenthalt dauert, sollte die Rückkehr bereits geplant sein. Immer wieder werden Bewerbungstermine oder andere Fristen versäumt. In der BWL kann sich der Studienbeginn um ein ganzes Jahr verzögern, wenn an der gewünschten Universität Studienanfänger nur einmal pro Jahr aufgenommen werden.

Die Bewerbung war erfolgreich, und die Hürden der Zulassungsbeschränkungen sind überwunden. Leider beginnt das Studium für viele Studienanfänger aber bereits mit einem Fehlstart. Der Vorlesungs- und Seminarplan wird, ohne Beratung und ohne einen Blick auf Studienplan und Prüfungsordnung, mit zu vielen Veranstaltungen überladen. Daneben gilt es noch, eine Wohnung zu finden. An jedem Wochenende wird die Heimreise angetreten, um mit alten Freunden noch in Kontakt zu bleiben. Für einen sinnvollen Arbeitsrhythmus mangelt es folgerichtig an Kontinuität. Das erste Semester, in dem Methoden des wissenschaftlichen Arbeitens eingeübt und eine Einführung in das Fach vermittelt werden soll, wird zum Stolperstein. Wenn, wie insbesondere in der BWL, am Ende des ersten Semesters, Prüfungen als Hürden für das weitere Studium gesetzt sind, folgt auf einen Fehlstart im besten Fall eine Strafrunde.

Nach dem ersten Semester stellen die meisten Studierenden fest, daß die Anforderungen nicht mit sporadischem Arbeiten oder strategischer Prüfungsvorbereitung zu bewältigen sind. Einige kommen auf die Idee, sich mit Lern- und Arbeitstechniken auseinanderzusetzen. Die angebotene Literatur zu diesem Thema ist umfangreich (im Literaturanhang dieses Studienführers sind einige Hinweise gegeben). Wer eine individuelle Lern- und Arbeitstechnik entwickelt hat, wer die Prinzipien des wissenschaftlichen Arbeitens kennt und wer sich mit Fragen der Prüfungsvorbereitung auseinandergesetzt hat, wird seine Studienzeit effizienter nutzen. Wer unter Lern- und Arbeitstechniken aber eine Studientechnik versteht und erwartet, die allein dazu dient, die Prüfungen mit möglichst wenig Aufwand zu bewältigen, hat durchaus die Chance, sein Studium zum Abschluß zu bringen. Es fehlt aber sicher die Freude an der Sache.

Mit fortschreitendem Studium erleben viele Studierende den Reiz und die Spannung der wissenschaftlichen Arbeit an der Universität.

Eine im Idealfall forschungsgeleitete Lehre führt an die Grenzen des Wissens heran. Häufig werden bereits Studierende als wissenschaftliche Hilfskräfte zur Unterstützung in Forschungsprojekten beschäftigt, was für diese zugleich eine (wenn auch geringe) finanzielle Unterstützung bedeutet. Andere Studenten leiten als Tutoren kleine Gruppen Studierender in den ersten Semestern. Diese Chancen sind jedoch zugleich Risiken. Forschungsprojekte sind nicht selten langfristig angelegt. Der anstehende Abschluß wird dann hinausgeschoben, weil i. d. R. eine Weiterbeschäftigung nach dem Abschluß nicht möglich ist.

Zum Ende des Studiums gilt es eine Abschlußarbeit vorzulegen. Im Studiengang Betriebswirtschaftslehre sind dafür drei bis sechs Monate vorgesehen. Tatsächlich hat sich jedoch an vielen Fakultäten die Praxis eingeschlichen, die Abschlußarbeiten inhaltlich und zeitlich erheblich auszudehnen. Dies ist nicht immer die Folge gesteigerter Prüfungsanforderungen, sondern geht häufig auf die Studierenden zurück. Wer sich zum Ende seines Studiums zum erstenmal vertieft mit einem Thema auseinandersetzt, der gewinnt Spaß an der wissenschaftlichen Arbeit. Abschlußarbeiten, die nicht selten kleinen Doktorarbeiten entsprechen, sind die Folge.

Immer mehr Studenten versuchen das Studium mit einer Berufstätigkeit zu vereinbaren. Dies hat unterschiedliche Auswirkungen auf das Studium, insbesondere auf die Studiendauer. Das Bild vom Werksstudenten, der in der vorlesungsfreien Zeit arbeitet und sich im Semester dem Studium widmet, stimmt heute nicht mehr. Nach einer Befragung unter Studierenden von 1991 arbeiten über 50% der Studenten an Universitäten auch während des Semesters. Speziell im Studiengang Betriebswirtschaftslehre werden Studierende häufig fachbezogen in Betrieben eingesetzt. Insbesondere jene, die bereits eine Berufsausbildung abgeschlossen haben, sind für Unternehmen flexible und kostengünstige Aushilfskräfte. Bezogen auf die Studiendauer kann eine laufende Erwerbstätigkeit jedoch negative Folgen haben. In die Planung eines Studiums gehört deshalb auch ein Finanzplan. Gemeinsam mit den Eltern sollte ein monatlicher finanzieller Bedarf ermittelt werden. Dabei kann vorab geprüft werden, ob eine Förderung nach dem Ausbildungsförderungsgesetz (BAföG) möglich ist. Auch die Förderung durch Stipendien sollte geprüft werden. Für den

Fall, daß aus diesen Quellen keine ausreichenden Mittel zur Verfügung stehen, sollte auch der Job neben dem Studium sinnvoll gewählt werden. Im Idealfall findet sich ein Job in der vorlesungsfreien Zeit. Aushilfstätigkeiten, die häufig auch außerhalb der regulären Arbeitszeit angeboten werden, so z. B. als Bedienung oder Taxifahrer, sichern ein zusätzliches Einkommen. Günstiger wäre es, bereits fachbezogen in Betrieben zu arbeiten. Auf diesem Weg kann Praxiserfahrung gesammelt werden, ggf. bahnen sich auch Kontakte für die spätere Berufstätigkeit an. Die Empfehlung lautet daher, nach zwei bis drei Semestern ein Unternehmen zu suchen, bei dem die Chance auf eine regelmäßige Wiederbeschäftigung besteht. Nicht selten sind hier jedoch die Stundensätze entsprechend niedriger.

Zur Verkürzung der Studienzeit sollte in der Finanzplanung berücksichtigt werden, daß speziell die ersten Semester sowie die Vorbereitungszeiten auf die Prüfungen nicht für eine parallele Erwerbstätigkeit geeignet sind. An die Adresse der Eltern richtet sich die Empfehlung, speziell zum Abschluß des Studiums ihre Töchter oder Söhne zu fördern.

8. Unterschiede zwischen dem Studium an Universitäten und an Fachhochschulen

Die Fachhochschulen bieten seit Jahren mit ihren praxisbezogenen und berufsorientierten Studiengängen eine reizvolle Alternative zum Studium an der Universität. 1992 lag der Anteil der Studienanfänger, die ein Studium an der Fachhochschule gewählt haben, am Altersjahrgang bei rund 34%. Rund 50.000 Absolventen schließen jährlich ihr Studium ab. Gemäß den hochschulpolitischen Zielvorstellungen in Bund und Ländern soll der Anteil an der Studienplatzkapazität auf mindestens 40% gesteigert werden. Über die Hälfte aller Diplom-Betriebswirte werden an Fachhochschulen ausgebildet. Da dieser Studienführer sich in erster Linie auf das Studium an den Universitäten beschränkt, soll der Studierende über die wesentlichen Unterschiede dieser beiden Hochschularten informiert werden.

Ende der 60er Jahre wurden die Fachhochschulen gegründet, die bald zu einer zweiten Säule des differenzierten deutschen Hochschulsystems wurden. Während ursprünglich der Weg über eine Kombination aus Mittlerer Reife und abgeschlossener Berufsausbildung für den Zugang zum Studium an einer Fachhochschule notwendig war, wird heute eine Fachhochschulreife verlangt, die z. B. durch das Abgangszeugnis der 12. Klasse am Gymnasium erworben wird. Anstelle einer Lehre wird an den Fachhochschulen ein in der Regel sechsmonatiges Vorpraktikum verlangt, hinzu kommen dann ein bis zwei in das Studium integrierte Praxissemester. Insbesondere dieser enge Praxisbezug der Fachhochschulen hat in den letzten fünf bis zehn Jahren verstärkt Abiturienten angezogen. Zwischenzeitlich hat fast jeder zweite Studierende an einer Fachhochschule Abitur.

Fachhochschulen haben ihren Schwerpunkt in den Ingenieurwissenschaften und in der Betriebswirtschaftslehre. Insbesondere im kaufmännischen Bereich konkurrieren Fachhochschulabsolventen mit Universitätsabsolventen. Im Gegensatz zur öffentlichen Verwaltung, die aufgrund der starren und veralteten Laufbahnvorschriften Absolventen der Universität automatisch höher einstuft, reagiert die private Wirtschaft flexibel. Sehr viele Stellenausschreibungen für Betriebswirte wenden sich an beide Absolventengruppen. Wer sich für das Studium an einer Universität entscheidet, hat somit nicht von vornherein Vorteile.

Fachhochschulen haben in den letzten Jahren die bestehenden Studiengänge der Betriebswirtschaftslehre weiter entwickelt. Spezielle Studiengänge, wie z. B. Touristik, Marketing oder International Business, werden angeboten. Die Nachfrage nach diesen Studiengängen ist enorm. Die Zulassunghürden sind hoch. Parallel zu diesen innovativen und attraktiven Bezeichnungen der Studiengänge können die Fachhochschulen auf eine Reihe von Besonderheiten verweisen:

Die Fachhochschulen zielen auf Anwendung wissenschaftlicher Erkenntnisse auf die praktischen Probleme des Berufes ab. An den Universitäten hingegen steht zuerst einmal der wissenschaftliche Erkenntnisfortschritt im Vordergrund. Das Studium dort bildet auch für den Beruf des Wissenschaftlers aus und stellt entsprechende Anforderungen in der Theorie und in den Bezügen zu Nachbardisziplinen.

In der Tat ist der Studienerfolg an den Fachhochschulen deutlich höher. Lediglich 20 bis 25% der Studierenden dort schaffen das Diplom nicht. An den Universitäten liegt die Abbrecherquote wesentlich höher. Eine Ursache für diese niedrigen Abbrecherquoten ist die straffere Form des Studiums: Die Prüfungen werden überwiegend studienbegleitend am Ende des Semesters durchgeführt, und das Studium im Klassenverband ist noch verbreitet, wenn auch im Massenbetrieb überlasteter Fachhochschulen nicht mehr überall Realität. Universitäten verlangen ein höheres Maß an Selbständigkeit. Bereits im Grundstudium werden zum Teil nicht aufeinander bezogene Theorieelemente präsentiert, deren Bezüge selbständig zu erarbeiten sind.

An den Fachhochschulen ist inzwischen fast flächendeckend mindestens ein Praxissemester in das Studium integriert, in Süddeutschland sind es seit langem zwei. Studierende an Universitäten können Praktika auf eigene Initiative absolvieren. In der Betriebswirtschaftslehre wird bis auf wenige Ausnahmen jeder Studierende im Verlauf seines Studiums eines oder mehrere Praktika durchlaufen. Auswahl, Verlauf und Umsetzung der Erkenntnisse des Praktikums sind für die Lehre an der Universität nicht unmittelbar relevant.

Fachhochschulabsolventen haben unter bestimmten Voraussetzungen die Möglichkeit zur Promotion. Das Promotionsrecht steht den Universitäten und gesetzlich gleichberechtigten Hochschulen zu (z.B. Technischen Hochschulen). Dieses Recht wird in der Regel durch Fachbereiche/Fakultäten ausgeübt. Die Promotion soll den Nachweis der Befähigung zu vertiefter selbständiger wissenschaftlicher Arbeit erbringen. Das nähere Verfahren regelt die Promotionsordnung. Hier ist auch festgelegt, welche Voraussetzungen für die Zulassung bestehen. Neben den besonderen Voraussetzungen für FH-Absolventen ist allgemeines Kriterium für die Zulassung, daß der Promovend den Anforderungen wissenschaftlichen Arbeitens genügt und über eine hinreichend umfassende wissenschaftliche Grundausbildung verfügt, um einen Beitrag zur Fortentwicklung der Wissenschaft zu leisten. Bisher galten diese Voraussetzungen als erfüllt, wenn der Kandidat ein Universitätsstudium mit überdurchschnittlichem Erfolg abgeschlossen hat. Durch die Neufassung der Hochschulgesetze in den meisten Bundesländern können nun auch qualifizierte FH-Absolventen zur Promotion zugelassen werden. Entsprechend angepaßt wurden zwischenzeitlich die Promotionsordnungen.

Für wohl die meisten FH-Absolventen führte und führt der Weg zur Promotion über ein zusätzliches Universitätsstudium mit entsprechendem Abschluß. Selbstverständlich liegt es im Interesse der FH-Absolventen, ihr Studium an der Universität nicht von vorne beginnen zu müssen, wenn sie bereits ein benachbartes Fach studiert haben. Es geht um die Frage der Anrechnung von Studienleistungen. Hier können die Universitäten auf ihre verfassungsrechtlich geschützte Autonomie zurückgreifen, die Art und Umfang der Anrechnung von Studien- und Prüfungsleistungen in das Ermessen der Fakultät bzw. der damit beauftragten Prüfungsausschüsse legt. Dieses individuelle Anrechnungsverfahren kann dazu führen, daß ein Fachhochschulabsolvent im ungünstigen Fall fast alle Prüfungsleistungen an der Universität erbringen muß und nur punktuell Studienleistungen anerkannt werden. Dies ist von Fakultät zu Fakultät unterschiedlich. Es ist keinesfalls davon auszugehen, daß mit einem Diplom an der Fachhochschule zugleich ein Vordiplom in dem benachbarten Studiengang an der Universität anerkannt wird.

Einige Universitäten und ihre Fakultäten haben sich bereits auf eine standardisierte Anrechnung verständigt. Dies sichert gegenüber dem individuellen Anrechnungsverfahren eine verfahrensmäßig vereinfachte pauschale Anerkennung der im Fachhochschulstudium erbrachten Leistungen.

Als dritte Alternative können FH-Absolventen in einem Ergänzungsstudiengang mit einem eigenen Curriculum an der Universität den universitären Abschluß erwerben. Diese Möglichkeit sieht das Hochschulrahmengesetz vor.

Der unmittelbare Zugang zur Promotion bedeutet, daß besonders qualifizierte FH-Absolventen ohne Universitätsabschluß zugelassen werden können. Hier bestehen von Bundesland zu Bundesland gewisse Unterschiede in den gesetzlichen Rahmenbedingungen. Generell ist die besondere Qualifikation nachzuweisen durch eine Fachhochschuldiplomprüfung mit herausragendem Erfolg. Fakultäten/Fachbereiche der Universität können definieren, ob nur Kandidaten mit Abschluß »sehr gut« oder noch mit »gut« in Frage kommen. Zusätzlich kann gefordert werden, daß zwei Professoren der Fachhochschule des Bewerbers dessen besondere Eignung bestätigen.

Ferner können Fachbereiche und Fakultäten ein besonderes Eignungsfeststellungsverfahren vorsehen. In diesem Verfahren sind Leistungsnachweise in Grundlagenfächern oder ausgewählten Vertiefungen zu erbringen, die in Zusammenhang mit dem Thema der Promotion stehen. Der erfolgreiche Abschluß des Eignungsfeststellungsverfahrens schafft nur die formale Voraussetzung zur Zulassung zur Promotion. Der Kandidat hat damit keinen Anspruch auf Zulassung erworben. Ebenso entspricht der erfolgreiche Abschluß nicht dem Diplom der Universität oder dem Zertifikat eines Aufbaustudiums.

FH-Absolventen, die nach Abschluß ihres Studiums eine Promotion anstreben, haben in den nächsten Jahren einen Weg voller Hürden und Sackgassen vor sich. Die aufgezeigten Regelungen in den Universitätsgesetzen und Promotionsordnungen sind weitgehend bildungspolitische Zielvorstellungen. Die Fachbereiche und Fakultäten sind gegenüber FH-Absolventen sehr zurückhaltend. Für jene, die trotzdem die Promotion als persönliches Ziel mit ganzer Kraft anstreben, hier einige Empfehlungen:

- Auch besonders qualifizierte FH-Absolventen sollten prüfen, ob sie nicht zuerst eine Diplomprüfung an der Universität ablegen. Dabei ist es besonders wichtig, sich an mehreren Universitäten im Verfahren für die Zulassung zum höheren Fachsemester zu bewerben. In diesem Verfahren wird vom Prüfungsausschuß der jeweiligen Universität die individuelle Anrechnung der Studien- und Prüfungsleistungen durchgeführt. Gemeinsam mit der Studienberatung kann dann der Kandidat prüfen und vergleichen, wie viele Semester bis zum Abschluß des Diploms noch erforderlich sind. Alle Bewerber, die dies an mehreren Universitäten praktiziert haben, werden erstaunt sein, wie unterschiedlich die Praxis der Anrechnung ist.
- Für einen vorangehenden Universitätsabschluß spricht nicht nur die Tatsache, daß eine Promotion auch mißlingen kann. Promovierte FH-Absolventen sind bei einer Beschäftigung im öffentlichen Dienst gegenüber Universitätsabsolventen schlechtergestellt. Zur Zeit wird für die Zulassung zur Laufbahn des höheren Dienstes ein Studium an einer Universität oder einer gleichgestellten Hochschule gefordert. Fachhochschulabsolventen erfüllen, auch wenn sie promoviert sind, diese Zulassungsvoraussetzung nicht.
- Für den unmittelbaren Zugang zur Promotion ist, wie bereits erwähnt, an fast allen Fachbereichen und Fakultäten nicht nur ein herausragender Studienabschluß, sondern auch der erfolgreiche Abschluß eines Eignungsfeststellungsverfahrens Voraussetzung. Dieses Verfahren soll nach den Empfehlungen der Länder zwischen zwei und vier Semester dauern. Bei der Studienberatung kann sich der Kandidat darüber informieren, wie viele Semester tatsächlich beansprucht werden. Mit Nachdruck ist darauf hinzuweisen, daß auch bei Erfolg die Zulassung als Doktorand nicht gesichert ist.
- Der Betreuer, der sogenannte Doktorvater, hat bei der Promotion eine zentrale Rolle.
- Früher setzte die Promotion voraus, daß ein Professor sich bereit fand, das Thema der Promotion anzunehmen und die Anfertigung zu betreuen. Anstelle dieses persönlichen Doktorandenverhältnisses tritt das Verfahren der Annahme durch die Fakultät. In der Praxis kann die Vermittlung eines Betreuers aber auf Schwierigkeiten stoßen. Hochschullehrer sind nicht verpflichtet, einen bestimmten

Doktoranden mit einem beliebigen Thema zu betreuen. Für FH-Absolventen ist es daher besonders wichtig, daß sie Einvernehmen mit ihrem zukünftigen Betreuer erzielen. Dabei sollte im Vorfeld offen darüber gesprochen werden, welche Chancen FH-Absolventen eingeräumt wird. Dieser Kontakt wird um so leichter zu finden sein, je enger die Verbindung zwischen Professoren an der Fachhochschule und Professoren an der Universität sind, die es zu nutzen gilt. In Einzelfällen kommt es bereits zu kooperativen Promotionen, bei denen Universität und Fachhochschule zusammenwirken.

- Die Zahl der Doktoranden ist von Fakultät und innerhalb der Fakultät von Lehrstuhl zu Lehrstuhl sehr unterschiedlich. In der Regel ist die Zahl der Doktoranden abhängig von der Zahl der Stellen für wissenschaftliche Mitarbeiter und Assistenten sowie vom Umfang der Drittmittelprojekte, die zur Finanzierung der Stellen beitragen. Doktoranden widmen sich im Regelfall nicht ausschließlich ihrer Promotion. Sie haben Dienstleistungsaufgaben in Forschung und Lehre oder betreuen Projekte. Für die Lehrstühle sind Doktoranden die wichtigste personelle Ressource. Daher liegt es nahe, daß externe Doktoranden, die nicht am Lehrstuhl tätig sind und z.B. in der Wirtschaft bereits berufliche Aufgaben wahrnehmen, kaum Chancen haben. Einmal abgesehen davon, daß eine Promotion vom Arbeitsaufwand her gesehen nicht als Abendkurs betrieben werden kann.

Bei der Entscheidung zwischen einem Studium an einer Fachhochschule oder einer Universität sollte jeder Studieninteressent Abstand von einem schlagwortartigen Vergleich gewinnen. Auch hier gilt erneut die dringende Empfehlung, einige Fachhochschulen persönlich aufzusuchen, um dort im Gespräch mit Dozenten und Studenten die Besonderheiten kennenzulernen.

Anhang I: Lexikon

Das nachfolgende Lexikon ergänzt die bisherigen Darstellungen durch knappe Definitionen der an den Universitäten gebräuchlichen akademischen Fachausdrücke. Die mit einem * gekennzeichneten Begriffe werden an entsprechender Stelle im Lexikon erklärt.

Ablehnungsbescheid: Ablehnungsbescheide werden von der ZVS oder der Hochschule an jene Bewerber versandt, denen ihr Studienwunsch aufgrund der Hürden der Zulassungsbeschränkungen nicht erfüllt werden kann. Dies gilt nur für die Studiengänge im Auswahlverfahren* der ZVS oder in den zulassungsbeschränkten Studiengängen an den Hochschulen (siehe Numerus clausus*). Der Ablehnungsbescheid der ZVS dokumentiert die persönlichen Daten des Bewerbers, einschließlich der Angaben aus der Hochschulzugangsberechtigung* mit seinen Rangplätzen* in den Quoten. Die persönlichen Daten sollten genau überprüft werden.

Akademisches Auslandsamt: Das Akademische Auslandsamt, das an jeder Universität und an vielen Fachhochschulen anzutreffen ist, betreut die ausländischen Studierenden. Zugleich ist das Akademische Auslandsamt für das Studium der deutschen Studierenden im Ausland zuständig. Über das Akademische Auslandsamt laufen die meisten Bewerbungen für Austauschprogramme mit ausländischen Hochschulen. In der Regel bietet das Akademische Auslandsamt eine Beratung für Studierende an, die einen Teil ihres Studiums im Ausland verbringen möchten.

Alma Mater: Diese lateinische Bezeichnung für die Universität bedeutet »nährende Mutter«.

Antrag (Zulassungsantrag): Eine Bewerbung für einen Studiengang ist in der Regel nur über einen Zulassungsantrag möglich. So muß für Bewerbungen um Studienplätze, die die ZVS vergibt, ein Zulassungsantrag ausgefüllt werden. Dieser Zulassungsantrag befindet sich auf den letzten Seiten des ZVS-Infos*. Für Studiengänge, die im Zulassungsverfahren von den Hochschulen vergeben werden, sind gesonderte Zulassungsanträge auszufüllen. Das ZVS-Info mit dem Zulassungsantrag liegt an Schulen, Arbeitsämtern, Berufsberatungen* und Studienberatungen* kostenlos aus. Zulassungsanträge der jeweiligen Hochschulen können bei den Studienberatungsstellen oder den Studentensekretariaten angefordert werden.

AStA, Allgemeiner Studentenausschuß: Der AStA ist das Selbstverwaltungsorgan und die Interessenvertretung der Studierenden an den Hochschulen. Die studentischen Vertreter werden gewählt. Der AStA bietet häufig Serviceleistungen für die Studierenden an, z. B. Wohnraumvermittlung, Mitfahrzentrale, Buchtauschbörsen, Sport- und Freizeitangebote. Der AStA engagiert sich regelmäßig für Angebote der Studienberatung und der Einführung der Erstsemester.

Aufnahmekapazität: In den zulassungsbeschränkten Studiengängen ist die Aufnahmekapazität beschränkt. Die Zulassungszahlen* geben Auskunft über die Zahl der Studierenden, die jährlich oder pro Semester zum Studium zugelassen werden. Die Zulassungszahlen richten sich wiederum nach der Größe der Fachbereiche oder Fakultäten, insbesondere nach der Anzahl der Professoren und Dozenten.

Ausländerzulassung: Ausländische EG-Bürger sowie alle Ausländer und Staatenlose, die eine deutsche Hochschulzugangsberechtigung* erworben haben (Bildungsinländer*), werden zulassungsrechtlich wie deutsche Studienbewerber berücksichtigt. Alle übrigen Ausländer bewerben sich direkt bei einer Hochschule. Etwa 4 bis 5% der Studienplätze werden an Ausländer vergeben. (Hinweis: Dieser Studienführer geht nicht auf die besonderen Verfahren bei der Zulassung von Ausländern ein).

Auswahlverfahren, besonderes: Das besondere Auswahlverfahren findet nur für die Studiengänge Medizin, Tiermedizin und Zahnmedizin Anwendung. Hier müssen alle Bewerber an einem Test teilnehmen. Auswahlkriterien für einen Studienplatz ist das Ergebnis im Test, die Durchschnittsnote, die Wartezeit sowie ein Auswahlgespräch. Das besondere Auswahlverfahren ist für alle anderen Studiengänge außerhalb der Medizin nicht relevant.

Beglaubigungen: Bei einem Zulassungsantrag, der sich an die Universitäten oder die ZVS richtet, sind alle Nachweise oder Belege als amtlich beglaubigte Kopien beizufügen. Ausnahmen gibt es lediglich bei einigen Hochschulen, die bei internen Zulassungsverfahren zur Immatrikulation das Original des Abiturzeugnisses überprüfen. Es ist zu empfehlen, alle Nachweise oder Belege beglaubigen zu lassen. Amtlich beglaubigen kann jede öffentliche Stelle, die ein Dienstsiegel führt. Dies sind z.B. Behörden, nicht aber Rechtsanwälte, Wirtschaftsprüfer, Vereine und Pfarrämter.

Belege: Alle Angaben des Bewerbers im Zulassungsantrag, der sich an die ZVS oder die Hochschulen richtet, müssen belegt werden. Wichtigster Beleg für das Bewerbungsverfahren ist die Hochschulzugangsberechtigung (Abiturzeugnis). Belege werden in Form von amtlich beglaubigten* Kopien eingereicht. Alle Unterlagen werden im Anschluß an das Zulassungsverfahren vernichtet. Deshalb sollten keine Originaldokumente eingereicht werden.

Beurlaubung: Auf persönlichen Antrag können sich Studierende beurlauben lassen. Während einer zeitlich befristeten Beurlaubung verliert der Studierende nicht seinen Studienplatz. Die Universitätsgesetze der Länder regeln die Gründe, die eine Beurlaubung rechtfertigen. Dazu gehören u.a. ein vorübergehender Aufenthalt an einer ausländischen Hochschule oder einer Sprachenschule; eine praktische Tätigkeit, die dem Studienziel dient; die Einberufung zum Wehr- oder Zivildienst; bevorstehende Niederkunft. Beurlaubungen werden in der Regel nicht für das erste Fachsemester, d.h. sofort zu Studienbeginn, ausgesprochen. Die Beurlaubung soll zwei Semester nicht überschreiten.

Bewerberberatung: Zur Erläuterung der Verfahren der Studienplatzvergabe geben die Studienberatungen* der Hochschulen und die ZVS Auskunft. Auskünfte bei der ZVS können persönlich, schriftlich oder telefonisch eingeholt werden. In der Regel ist die Bewerberberatung der ZVS kurz vor Bewerbungsschluß besonders nachgefragt. Es empfiehlt sich daher, zuerst die nahegelegene Studienberatung* oder die Berufsberatung für Abiturienten und Hochschüler in Anspruch zu nehmen. Komplexe Fragen zum Bewerbungsverfahren sollten aber in jedem Fall an die ZVS direkt gerichtet werden.

Bewerberfrist: Für die Bewerbung um einen Studienplatz sind gesetzlich festgelegte Ausschlußfristen zu beachten. Für das Verteilungsverfahren* und das allgemeine Auswahlverfahren* bei der ZVS endet die Bewerbungsfrist am 15. Juli für das Wintersemester und am 15. Januar für das Sommersemester. An den Hochschulen gelten in der Regel dieselben Fristen. Eine rechtzeitige Information über die Fristen ist für jeden Bewerber unabdingbar.

Bildungsinländer: Als Bildungsinländer werden Ausländer und Staatenlose bezeichnet, die eine Studienberechtigung in der Bundesrepublik Deutschland oder an einer deutschen Auslandsschule erworben haben. Bildungsinländer werden zulassungsrechtlich wie deutsche Studienbewerber berücksichtigt. Ihre Bewerbung richten sie je nach Zulassungsverfahren an die Hochschule oder an die ZVS.

Brückenkurse: Brückenkurse oder Vorbereitungskurse werden an mehreren Fakultäten oder Fachbereichen angeboten, um Studienanfängern Wissen in den zentralen Grundlagenfächern zu vermitteln. Eine Teilnahme ist nicht Pflicht. Häufig ergibt sich in den Brückenkursen bereits Kontakt mit künftigen Kommilitonen, der später in den großen Vorlesungssälen schwerer gefunden werden kann. Auch studentische Initiativen bieten Vorbereitungskurse an. Hier handelt es sich zugleich um eine Werbung in eigener Sache.

Campus: Bezeichnung für das Hochschulgelände. Campus-Universitäten sind dadurch gekennzeichnet, daß alle Fakultäten* oder Fachbereiche* sowie die Bibliotheken, die Mensa und die Studentenverwaltung in einem Gebäude oder in unmittelbarer Nähe untergebracht sind.

Darlehen der Studentenwerke: Die Studentenwerke verfügen über einen Darlehensfond, der von Studierenden in Anspruch genommen werden kann, die unverschuldet in finanzielle Bedrängnis geraten sind und eine kurzfristige Überbrückungshilfe brauchen. Studienabschlußdarlehen werden gewährt, wenn aus finanziellen Gründen ein Studienabschluß kurz vor oder während der Prüfungen gefährdet ist.

Dekan: Der Dekan leitet die Fakultät oder den Fachbereich. Dekane werden auf Zeit gewählt. An einigen Hochschulen steht dem Dekan ein Studiendekan für alle Angelegenheiten der Lehre zur Seite. Der Studiendekan ist ein wichtiger Ansprechpartner für die Studierenden.

Dienst: Für Bewerber, die einen der folgenden Dienste ableisten, ist es wichtig, sich bereits während der Dienstzeit zu bewerben: Wehrdienst oder Dienst beim Bundesgrenzschutz, Zivildienst, freiwilliges soziales oder ökologisches Jahr, mindestens zweijähriger Dienst als Entwicklungshelfer, Betreuung oder Pflege eines Kindes unter 18 Jahren oder eines pflegebedürftigen sonstigen Angehörigen bis zur Dauer von drei Jahren. Vergleiche Wehrdienst*.

Dissertation: Die Dissertation ist als schriftliche Arbeit Teil der Promotion. An eine Dissertation wird generell der Anspruch gestellt, daß hier eine selbständige wissenschaftliche Arbeit vorgelegt wird, die neue Forschungsergebnisse erbringt. Ihre Vergabe setzt die Erfüllung formaler Voraussetzungen aus der Promotionsordnung voraus.

Doppelstudium: Für ein Doppelstudium oder auch Parallelstudium muß die Zulassung für beide Studiengänge vorliegen. In Baden-Württemberg schreibt das Universitätsgesetz vor, daß der Bewerber für ein Doppelstudium/Parallelstudium seine Befähigung nachweisen muß, beide Studiengänge innerhalb der Regelstudienzeit zu beenden. Vor der Entscheidung für ein Doppelstudium sollte sich jeder von der allgemeinen Studienberatung und der Fachstudienberatung über die Bedingungen und Anforderungen beraten lassen.

Durchschnittsnote: Die Durchschnittsnote der Hochschulzugangsberechtigung (Abitur) ist ein Auswahlkriterium in den zulassungsbeschränkten Studiengängen. Die ZVS oder die Hochschulen übernehmen die in den Zeugnissen bereits errechnete Durchschnittsnote. Ist die Durchschnittsnote aufgrund nicht verschuldeter persönlicher Umstände, z. B. bei Unfällen oder schweren Erkrankungen, schlechter als erwartet ausgefallen, kann ein Antrag auf Nachteilsausgleich* gestellt werden.

Eingangsbestätigung: Der Eingang des Zulassungsantrags bei der ZVS oder der jeweiligen Hochschule kann dem Bewerber mitgeteilt werden. Dazu muß der Bewerber dem Antrag eine frankierte und an sich selbst gerichtete Postkarte beilegen. Die Eingangsbestätigung sagt nichts darüber aus, ob der Antrag richtig ausgefüllt und die Belege vollständig sind.

Einschreibung: Innerhalb der im Zulassungsbescheid* genannten Frist muß der Bewerber bei der Hochschule erklären, ob er den Studienplatz annimmt. Liegt die Erklärung bis zu diesem Termin nicht vor, wird der Zulassungsbescheid unwirksam. Der Studienplatz kann erneut vergeben werden. Ist der Bewerber in dieser Zeit verhindert, sollte er sicherstellen, daß Eltern, Freunde oder Geschwister zumindest mit der Hochschule Kontakt aufnehmen.

Erklärungspflicht, gesetzliche: Bei der Bewerbung hat der Bewerber mehrere gesetzliche Erklärungspflichten, die er an Eides Statt abgeben muß. In Studiengängen des allgemeinen Auswahlverfahrens betrifft dies u.a. die Angabe, daß er zum Zeitpunkt der Antragstellung nicht für einen beantragten oder einen gleichnamigen Studiengang an einer deutschen Hochschule als Student eingeschrieben ist. Ferner hat er zu erklären, daß er an keiner deutschen Hochschule ein Studium abgeschlossen hat (Zweitstudium*). Mit seiner Unterschrift bestätigt der Bewerber, daß seine Angaben vollständig und wahrheitsgemäß sind.

Exkursion: Veranstaltung, bei der außerhalb des Hochschulorts an Ort und Stelle Untersuchungen oder Besichtigungen vorgenommen werden.

Fachbereich: Der Fachbereich ist eine organisatorische Einheit an der Hochschule. Große Fächer können einen gemeinsamen Fachbereich bilden. Insbesondere in den Geisteswissenschaften kann eine Vielzahl kleinerer Fächer zu einem Fachbereich zusammengefaßt werden. Der Fachbereich wird durch einen gewählten Dekan* geleitet. Auf der Ebene der Fachbereiche besteht auch eine studentische Vertretung (Fachschaften*).

Fächerkombination: Insbesondere in den Studiengängen mit Abschlußziel Magister oder Lehramt kann eine Kombination aus verschiedenen Fächern gewählt werden. In den Magisterstudiengängen kann eine Fächerkombination aus zwei Hauptfächern bestehen oder aus einem Hauptfach und zwei Nebenfächern. In den Diplomstudiengängen sind Fächerkombinationen in dieser Form nicht möglich. Hier können Wahlfächer oder Wahlpflichtfächer gewählt werden.

Fachschaften: Die studentische Vertretung auf der Ebene der Fachbereiche* oder Fakultäten* ist die Fachschaft. Die Fachschaftsvertreter werden gewählt. In der Regel sind die Fachschaften offen, d.h. auch nicht gewählte Studierende können in der Fachschaft mitarbeiten. Speziell Studienanfängern ist zu empfehlen, sich frühzeitig an die Fachschaften zu wenden. Fachschaften bieten auch regelmäßig eine Studienberatung an.

Fachsemester: Als Fachsemester werden nur die Semester gezählt, die in einem bestimmten Studiengang absolviert werden. Im Gegensatz dazu werden bei den Hochschulsemestern alle Semester gezählt, für die der Studierende eingeschrieben ist. Die Zahl der Hochschulsemester ist individuell größer als die Anzahl der Fachsemester, wenn der Studierende den Studiengang gewechselt hat. Viele Prüfungsordnungen enthalten inzwischen Regelungen zur Begrenzung der Studienzeiten. Hier wird eine maximale Zahl von Fachsemestern angegeben, bis zu der bestimmte Prüfungsleistungen vorliegen müssen.

Fakultät: Die Fakultät ist eine organisatorische Einheit an der Hochschule. Große Fächer können eine gemeinsame Fakultät bilden. Insbesondere in den Geisteswissenschaften kann eine Vielzahl kleinerer Fächer zu einer Fakultät zusammengefaßt werden. Die Fakultät wird durch einen gewählten Dekan* geleitet. Auf der Ebene der Fakultäten besteht auch eine studentische Vertretung (Fachschaften*).

Fernstudium: Bei einem Fernstudium wird das Studienangebot überwiegend durch schriftliche oder audiovisuelle Medien (z.B. Studienbriefe, Video, Kassetten) vermittelt. Im Gegensatz zum Präsenzstudium bietet das Fernstudium die Möglichkeit, räumlich und zeitlich unabhängig zu studieren. Damit bietet sich das Fernstudium besonders für jene Studierenden an, die einen Einstieg in das Studium suchen, aber zur Zeit durch den Wehr- oder Zivildienst verhindert sind, ein Studium aufzunehmen. Ein breites Angebot an Studiengängen und speziellen Kursen bietet die Fernuniversität Hagen an.

Gasthörer: Gasthörer können an einer Universität nur solche Veranstaltungen besuchen, die keine Teilnehmerbeschränkungen oder Studienvoraussetzungen aufweisen. Die Universitäten stellen für Gasthörer einen Gasthörerschein aus. Gasthörer haben keinen Studentenstatus. Sie werden in der Regel nicht zu Prüfungen zugelassen. Studienleistungen, die jemand als Gasthörer erbracht hat, werden im Rahmen eines Studienganges nicht anerkannt.

Grundstudium: Das Grundstudium umfaßt das Studium bis zur Zwischenprüfung und dient in der Regel der Vermittlung inhaltlicher Grundlagen eines Faches, seines methodischen Instrumentariums sowie seiner systematischen Orientierung im jeweiligen Studiengang. Der Abschluß des Grundstudiums qualifiziert für die

Fortsetzung des Studiums und ist Zulassungsvoraussetzung für die Diplomprüfung.

Halbjahr: Die Zeit, die als Wartezeit seit Erwerb der Hochschulzugangsberechtigung (Abitur) der Auswahl im allgemeinen Auswahlverfahren zugrunde gelegt wird, wird in Halbjahren berechnet. Dabei zählen nur Halbjahre, die vom Zeitpunkt des Erwerbs der Hochschulzugangsberechtigung bis zum Antragssemester im vollen Umfang verstrichen sind. Als Halbjahre wird die Zeit jeweils vom 1. Oktober bis 31. März des folgenden Jahres gerechnet. Die Wartezeit berechnet sich von dem Halbjahr an, das auf den Erwerb der Studienberechtigung folgt. Die Wartezeit endet bei einer Bewerbung zum Sommersemester am 31. März und bei einer Bewerbung zum Wintersemester am 30. September. Es werden grundsätzlich nicht mehr als 16 Halbjahre als Wartezeit berücksichtigt.

Härtefallantrag: Im Rahmen eines Härtefallantrages kann eine sofortige Zulassung in der Quote für außergewöhnliche Fälle erreicht werden. Die ZVS hält dafür bis zu zwei Prozent der Studienplätze bei Studiengängen im Allgemeinen Auswahlverfahren bereit. Ein Härtefallantrag ist nur dann sinnvoll, wenn eine besondere Ausnahmesituation vorliegt. Schwerwiegende gesundheitliche, soziale oder familiäre Gründe müssen vorliegen, die es dem Bewerber unmöglich machen, auch nur ein Semester auf einen Studienplatz zu warten. Beispiele nennt das ZVS-Info unter der Rubrik Sonderanträge. Vergleiche auch Nachteilsausgleich, Ortswunschantrag.

Hauptantrag: Der Hauptantrag ist der an erster Stelle genannte Wunsch für einen Studiengang. In den Zulassungsanträgen der ZVS und der Hochschulen ist daher auf die Reihenfolge der angegebenen Studiengangswünsche zu achten. Die an zweiter Stelle im Zulassungsantrag genannten Studiengangswünsche sind Hilfsanträge. Für Studiengänge im Verteilungsverfahren der ZVS ist es nicht notwendig, einen Hilfsantrag zu stellen. Hier besteht die Garantie auf einen Studienplatz.

Hauptstudium: Das Hauptstudium umfaßt das Studium nach dem Vordiplom oder der Zwischenprüfung. Es dient der Vertiefung und Spezialisierung innerhalb des gewählten Studiengangs.

Hochschulzugangsberechtigung (HZB): Die Hochschulzugangsberechtigung ist der Oberbegriff für alle Zeugnisse, die zur Aufnahme eines Studiums an einer Hochschule berechtigen. Neben dem Abitur gibt es noch eine Vielzahl weiterer Abschlüsse, die dazu berechtigen. Hier können die Bildungsberatungsstellen der Oberschulämter sowie die Studienberatungen informieren.

Immatrikulation: Die Immatrikulation ist in der Regel persönlich zu den im Zulassungsbescheid angegebenen Terminen vorzunehmen. Mit der Immatrikulation, das heißt der Einschreibung in die Matrikel (Studentenverzeichnis), wird der rechtliche Status des Studenten* erworben. Bei der Immatrikulation werden in der Regel der Studentenausweis*, das Studienbuch* sowie Studienbescheinigungen* ausgehändigt. Die genauen Immatrikulationstermine werden von Semester zu Semester neu festgelegt. Bei der Immatrikulation sind mehrere Unterlagen vorzulegen, u.a. der Zulassungsbescheid der ZVS oder der Universität, das Abiturzeugnis im Original, Paßbilder für den Studentenausweis sowie der

Nachweis über eine bestehende Krankenversicherung. Diese Liste der Nachweise kann von Universität zu Universität unterschiedlich sein.

Kapazitätsklagen: In zulassungsbeschränkten Studiengängen kann auch auf gerichtlichem Weg eine Zulassung erstritten werden. Klagen auf Zulassung zum Studium, die sich in der Regel auf die Behauptung stützen, die Ausbildungskapazität einer Hochschule sei nicht ausgeschöpft, sind nach der Entscheidung des Bundesverfassungsgerichts vom April 1975 unmittelbar gegen die Hochschule zu richten. Die für die Hochschule zuständigen Verwaltungsgerichte sind dafür zuständig. Wer eine Zulassung über die Gerichte erreichen will, sollte sich sorgfältig über Kosten und Risiken eines Verfahrens erkundigen.

Kolloquium: Das Kolloquium ist eine Diskussionsrunde zur Behandlung von speziellen wissenschaftlichen Problemen. In der Regel stehen diese Veranstaltungen nur Examenskandidaten und Doktoranden offen.

Kontrollblatt: Das Kontrollblatt, das Bewerbern im Auswahlverfahren von der ZVS zugesandt wird, gibt individuell Gelegenheit zur Kontrolle möglicher Fehler. In diesem Kontrollblatt druckt die ZVS die Daten des Bewerbers noch einmal aus. Stellt der Bewerber Fehler fest, kann er die geänderten Angaben an die ZVS leiten. Auch eine Änderung des Studienwunsches ist möglich. Diese inhaltlichen Änderungen müssen aber vor Ablauf der Bewerbungsfrist eingereicht werden.

Krankenversicherung: Zur Einschreibung* müssen Studierende einen vom Gesetzgeber vorgeschriebenen Nachweis über eine bestehende Krankenversicherung vorlegen. Diese Versicherungsbescheinigung ist im weiteren Studienverlauf für jedes Semester bei der Rückmeldung* erneut vorzulegen. Diese Krankenversicherungsbescheinigung erhält jeder Studienanfänger auf Anforderung bei seiner Krankenkasse. Studierende können grundsätzlich den günstigeren Studentenbeitrag bei der gesetzlichen Krankenkasse oder den Ersatzkassen in Anspruch nehmen: entweder indem sie sich selbst versichern oder indem sie in der Familienversicherung bleiben. Bis zur Vollendung des 25. Lebensjahres – zuzüglich Zeiten für Wehr*- und Zivildienst* – können Studierende über die Familienversicherung bei ihren Eltern in der gesetzlichen Krankenversicherung kostenfrei mitversichert sein. Wer verheiratet ist, kann auch beim Ehegatten familienversichert sein. Für die Krankenversicherung zum günstigen Studentenbeitrag besteht die Einschränkung, daß nur noch Studierende bis zum 14. Fachsemester oder bis zur Vollendung des 30. Lebensjahres diese Vergünstigung in Anspruch nehmen können. Dabei werden Urlaubssemester, Zeiten vorübergehender Exmatrikulation, nicht angerechnete Semester eines früheren abgeschlossenen oder abgebrochenen Studiums bei der Berechnung der Fachsemesterzahl nicht berücksichtigt. Studierende können sich auf Antrag ohne weitere Voraussetzungen von der Versicherungspflicht befreien lassen. Die Befreiung kann nicht widerrufen werden. Kein Studierender sollte jedoch auf den Versicherungsschutz einer gesetzlichen oder privaten Krankenversicherung verzichten.

Landesquotenregelung: Die Zulassungsgrenzen nach der Qualifikation (NC) sind nicht für alle Bundesländer gleich. Die Zulassungsgrenzen, die erst nach Abschluß des allgemeinen Auswahlverfahrens* bei der ZVS ermittelt werden, unterscheiden sich nach Ländern. In den Bundesländern besteht ein unterschiedliches Niveau der Durchschnittsnoten. Insoweit ist eine Vergleichbarkeit im Verhältnis der Länder untereinander nicht gegeben. Die ZVS bildet daher sogenannte Länderquoten. Bei der Auswahl nach dem Grad der Qualifikation (Durchschnittsnote) werden für jede Landesquote getrennte Ranglisten erstellt, bei der nur Bewerber um einen Studienplatz untereinander konkurrieren, die im gleichen Land ihre Hochschulzugangsberechtigung* erworben haben. Im Ergebnis ergibt sich für jede Landesquote eine Auswahlgrenze, pro Studiengang also sechzehn. Deutsche Bewerber, die ihr Abitur im Ausland erworben haben, werden einer bestimmten Landesquote durch Los zugeordnet.

Losverfahren der Hochschulen: Über das Losverfahren werden die Studienplätze unabhängig von Qualifikation oder Wartezeit vergeben. Das Losverfahren wird durchgeführt, wenn nach Abschluß eines Vergabeverfahrens noch freie Studienplätze zu vergeben sind. An dem Losverfahren der Hochschulen können alle Studienbewerber teilnehmen, unabhängig davon, ob sie sich bereits bei der ZVS oder der Hochschule beworben haben. Der Antrag zur Teilnahme am Losverfahren ist formlos direkt an die Hochschule zu senden. Wer sich mehrfach am Losverfahren beteiligen will, muß jede Hochschule gesondert anschreiben. Die ZVS ist nicht an den Losverfahren beteiligt. Termine für die Anmeldung sind bei wissenschaftlichen Hochschulen Mitte Oktober und bei Fachhochschulen zum Teil bereits im September. Über die genauen Termine informieren die Studienberatungen an den jeweiligen Hochschulen.

Meldebescheinigung: Bewerbungen bei der ZVS kann eine Meldebescheinigung beigefügt werden. Das ZVS-Info enthält einen Vordruck. Auf der Meldebescheinigung weist der Bewerber seine familiäre Situation am Wohnort nach. Diese Situation hat Einfluß auf die Verteilungskriterien bei der Ortswahlverteilung*. Die Meldebehörde (Einwohnermeldeamt) kann darin bestätigen, daß der Bewerber mit Ehegatten und/oder Kind oder bei seinen Eltern wohnt. Dies verbessert seine Chance, an einer nahegelegenen Hochschule zu studieren. Alle übrigen Bewerber können auf diese Meldebescheinigung verzichten.

Nachrückverfahren: Im Nachrückverfahren werden freigewordene oder freigebliebene Studienplätze an Bewerber vergeben, die zuvor abgelehnt wurden. Eine gesonderte Bewerbung für das Nachrückverfahren ist nicht erforderlich. Das Nachrückverfahren kann sich bei einigen Hochschulen bis kurz vor Beginn der Vorlesungszeit, zum Teil sogar noch bis in die ersten Wochen der Vorlesungszeit hinziehen. Über den Stand der jeweiligen Nachrückverfahren informieren die Studentensekretariate vor Ort.

Nachteilsausgleich: Anträge auf Verbesserung der Durchschnittsnote* bzw. der Wartezeit* können Bewerber stellen, die sich für einen zulassungsbeschränkten Studiengang bewerben. Diese Anträge richten sich entweder an die ZVS in den Studiengängen des allgemeinen Auswahlverfahrens oder unmittelbar an die Hochschulen. Ein erfolgreicher Antrag auf Nachteilsausgleich berücksichtigt besondere Umstände, die in der Person eines Studienbewerbers liegen, die er persönlich nicht zu vertreten hat. Auf diesem Weg kann Studienberechtigten, die z. B. durch einen Unfall kurz vor dem Abitur nicht die erwartete Leistung erbringen konnten, geholfen werden. Hier nennt das ZVS-Info in dem Abschnitt über Sonderanträge Beispiele, unter welchen besonderen sozialen und familiären Umständen ein Antrag begründet ist. In der Regel müssen Gutachten der Schule oder von Fachärzten zur Begründung vorgelegt werden.

Numerus clausus: Der Begriff numerus clausus (NC) wird umgangssprachlich mit Zulassungsbeschränkungen gleichgesetzt. Zuerst einmal ist wichtig zu wissen, daß nicht alle Studiengänge einen »NC haben«. Zulassungsbeschränkungen kommen dann zustande, wenn die Anzahl der Bewerber weit über der Ausbildungskapazität in dem jeweiligen Studiengang liegt. Man spricht jetzt von »harten« NC- Studiengängen, die bundesweit zulassungsbeschränkt sind und in der Regel über die ZVS vergeben werden. Daneben wird der Begriff lokaler NC oder interner NC verwandt, wenn nur bestimmte Hochschulen in ihren Studiengängen Zulassungsbeschränkungen einführen mußten. Die Hochschulen sind durch gesetzliche Maßnahmen und Regelungen dazu angehalten, ihre Studienplatzkapazität optimal und restlos auszunutzen.

Ortsverteilung: siehe Verteilung, Verteilungskriterien.

Ortswunschantrag (Antrag auf bevorzugte Berücksichtigung des ersten Studienortwunsches): Ein Antrag auf bevorzugte Berücksichtigung des ersten Studienortwunsches kann nur im Rahmen der Zulassungsverfahren der ZVS gestellt werden. In dem Antrag begründet der Studienplatzbewerber eine zwingende Bindung an den gewählten Studienort. Die ZVS unterscheidet hier zwischen besonderen gesundheitlichen, besonderen sozialen, besonderen familiären sowie besonderen wirtschaftlichen oder wissenschaftlichen Gründen. Beispiele für diese besonderen Umstände nennt das ZVS-Info* unter dem Abschnitt »Sonderanträge«. Generell müssen die persönlichen Gründe schwerwiegend sein.

Parkstudium: Als Parkstudium wird jene Zeit bezeichnet, die ein Studienbewerber an einer Hochschule verbracht hat, um die Wartezeit bis zum Beginn seines eigentlich gewünschten Studiengangs zu überbrücken. Um zu verhindern, daß Studienbewerber so Studienplätze blockieren, wird die Zeit, die ein Bewerber an einer Hochschule eingeschrieben war, nicht als Wartezeit* anerkannt. Diese Regelung ist unabhängig davon, ob der Bewerber tatsächlich studiert hat oder nur eingeschrieben war.

Praktikum: Veranstaltung, in der Studierende Experimente zu Übungszwecken durchführen. Der Begriff »Praktikum« bezeichnet zugleich eine zeitlich begrenzte praktische Tätigkeit im angestrebten Berufsfeld.

Prüfungsausschuß: Ein durch die Prüfungsordnung bestimmtes, auf Zeit gewähltes Gremium mit den dort festgelegten Aufgaben. In Prüfungsangelegenheiten ist der Prüfungsausschuß oberste Instanz, noch vor dem Rektor/Präsidenten und dem Dekan*.

Qualifikation: Den Grad der Qualifikation bezeichnet die Durchschnittsnote, nach der im Auswahlverfahren* in der Quote der Qualifikation ein Platz auf der Rangliste* vergeben wird.

Ranglisten: Im allgemeinen Auswahlverfahren* werden zur Vergabe der Studienplätze nach den einzelnen Quoten für die Qualifikation* und die Wartezeit Ranglisten gebildet. Der Rangplatz* ist abhängig von dem für die Quote maßgeblichen Auswahlkriterium (je besser z. B. die Durchschnittsnote, desto günstiger der Rangplatz).

Rangplatz: Nach den generellen Auswahlkriterien (Qualifikation oder Wartezeit) erhält der Bewerber im allgemeinen Auswahlverfahren auf einer oder mehreren Ranglisten* einen Rangplatz. Der Rangplatz des Bewerbers ist abhängig von seiner Durchschnittsnote sowie (auf der Rangliste der Wartezeit) von seiner individuellen Wartezeit. Vom Rangplatz hängt die Entscheidung über Zulassung oder Ablehnung ab. Auf einer Liste werden nur so lange Zulassungen vergeben, bis die Zahl der Studienplätze erreicht ist.

Rechtsbehelfsbelehrung: Genormter rechtlicher Hinweis, dessen Vorliegen die Einspruchsfrist von generell zwölf Monaten auf einen Monat verkürzt. Danach können grundsätzlich Rechtsmittel nicht mehr eingesetzt werden.

Rückmeldung: Um das Studium im folgenden Semester fortsetzen zu können, muß sich jeder Student zurückmelden. Die Rückmeldeaufforderungen werden individuell oder durch Aushang bekanntgegeben. Bei der Rückmeldung wird der Beitrag an das Studentenwerk entrichtet sowie der Nachweis über eine bestehende Krankenversicherung vorgelegt. Wichtig ist die Beachtung der Fristen.

Sonderanträge: Für die Studiengänge außerhalb der Medizin können bei der ZVS folgende Sonderanträge gestellt werden: Antrag auf bevorzugte Berücksichtigung des ersten Studienortwunsches (Ortsantrag*); Antrag auf sofortige Zulassung in der Quote für außergewöhnliche Fälle (Härtefallanträge*); Antrag auf Nachteilsausgleich-Verbesserung der Durchschnittsnote; Antrag auf Nachteilsausgleich-Verbesserung der Wartezeit (Nachteilsausgleich*). Mit Ausnahme des Antrags auf bevorzugte Berücksichtigung des ersten Studienortwunsches können diese Sonderanträge auch bei der Hochschule gestellt werden, wenn die Studienplätze in einem zulassungsbeschränkten Studiengang durch die Hochschule vergeben werden (lokaler numerus clausus*).

Sozialberatung der Studentenwerke: Die Studentenwerke einiger Hochschulregionen bieten Studierenden, die Fragen zur Sicherung des Lebensunterhalts oder zu ihrer Lebensplanung haben, eine Sozialberatung an. U. a. können hier Fragen zu Sozialhilfe, Wohngeld, Krankenversicherung und Hilfen für Mutter und Kind gestellt werden.

Stipendien: Stipendien werden von einer Reihe staatlicher, kommunaler, politischer, kirchlicher, gewerkschaftlicher und privater Einrichtungen vergeben. Zu den wichtigsten Stipendiengebern zählen die Begabtenförderungswerke, die Stiftungen der Länder, die Förderung durch die Wirtschaft und private Stifter sowie – bei einem Studium im Ausland – der Deutsche Akademische Austauschdienst (DAAD) und die Europäische Union.

Student (rechtlicher Status): Die Hochschulgesetze der Länder bezeichnen den Studenten in der Regel als Mitglied der Hochschule. Nach dem Ordnungsrecht ist der Student nur verpflichtet, den Hochschulbetrieb nicht zu stören und die Organe und Einrichtungen der Hochschule bei der Erfüllung ihrer Aufgaben nicht zu behindern. Die Hochschulgesetze und -satzungen verleihen zum großen Teil dem Studenten das Recht, Lehrveranstaltungen aller Fachrichtungen zu besuchen. Dieses Recht kann durch hochschulinterne Regelungen für bestimmte Veranstaltungen eingeschränkt werden. Der Student besitzt ferner einen aus dem Verfassungsrecht abgeleiteten Prüfungsanspruch – denn das Grundrecht auf freie Wahl der Ausbildungsstätte wäre weitgehend nutzlos, hätte nicht jeder Studierende zumindest die Möglichkeit, die vorgeschriebenen Prüfungen abzulegen, um so seine Ausbildung abzuschließen. Nach dem Bundesausbildungsförderungsgesetz hat der Student unter gewissen Voraussetzungen gegenüber dem Staat einen Rechtsanspruch auf Förderung seines Studiums. Neben den Rechten haben die Studierenden in erster Linie die Pflicht, ordnungsgemäß zu studieren und die in ihrem Studiengang vorgeschriebenen Prüfungen in angemessener Zeit abzulegen. Inwieweit und durch welche Maßnahmen diese Pflicht auch durchgesetzt wird, gibt immer wieder Anlaß zur Diskussion, sei es bei der Begrenzung der Studienzeit oder bei der Auseinandersetzung über Studiengebühren. Der Studierende ist weiter verpflichtet, bestimmte Gebühren an die Hochschulkasse zu entrichten (u.a. Sozialbeiträge für das Studentenwerk).

Studentenausweis: Der Studentenausweis ist der Nachweis, daß der Inhaber des Ausweises immatrikuliert ist. Durch Vorlage des Studentenausweises können bei verschiedenen Einrichtungen Vergünstigungen in Anspruch genommen werden.

Studienabschlußart: Teilweise können Studiengänge mit unterschiedlichen Studienabschlüssen beendet werden. Mögliche Studienabschlüsse sind: Diplom, Staatsexamen, Magister sowie in besonderen Fällen auch die Promotion ohne vorangegangenen Abschluß. In den Zulassungsanträgen an die ZVS oder die Hochschulen ist darauf zu achten, daß die entsprechenden Schlüsselzahlen korrekt eingetragen werden.

Studienbescheinigung: Studienbescheinigungen/Immatrikulationsbescheinigungen werden für verschiedene Zwecke benötigt, z.B. zur Vorlage beim Finanzamt, Wohngeldamt, bei der Krankenkasse sowie für andere Zwecke.

Studiengang: Ein durch Diplom-, Staats- oder Magisterprüfung abgeschlossenes Studium mit eigenem, kennzeichnendem Namen und normiertem Titel. So entspricht z.B. der Titel »Diplom-Betriebswirt« dem Abschluß des Studiums der Betriebswirtschaftslehre an Fachhochschulen, der des »Diplom-Kaufmanns« dem Abschluß an Universitäten. Ein Studiengang enthält Zulassungsvoraussetzungen (Propädeutika) und Pflicht- sowie Wahlpflichtveranstaltungen, ggf. Zusatzfächer sowie eine umfangreiche wissenschaftliche Arbeit.

Studienortwechsel: Wer das Studium an einer Universität begonnen hat, kann sein Studium grundsätzlich zu jedem Semester an einer anderen Universität fortsetzen. Die Möglichkeiten für einen Studienortwechsel können eingeschränkt werden, wenn an der Zieluniversität Zulassungsbeschränkungen im höheren Fachsemester bestehen. Bei einem Studienortwechsel können die bisher erbrachten Studienleistungen anerkannt werden. Ein besonders günstiger Zeitpunkt für einen Wechsel ist nach dem Abschluß des Vordiploms oder der Zwischenprüfung.

Studienplan: Auf der Grundlage der Prüfungsordnungen haben die Fakultäten* und Fachbereiche* für jeden Studiengang einen Studienplan zusammengestellt. Dieser Studienplan empfiehlt für jedes Semester des Grund- und Hauptstudiums den Besuch bestimmter Veranstaltungen. Der Studienplan bietet eine wichtige Orientierung für die Zusammenstellung des eigenen Stundenplans. Der Studienplan hat Empfehlungscharakter, d.h. in einigen Studiengängen ist auch eine andere Zusammenstellung der zu besuchenden Veranstaltungen denkbar und sinnvoll. In den meisten Studiengängen müssen Wahlpflichtfächer, Wahlfächer oder Nebenfächer belegt werden. Für diese Fächer liegen häufig gesonderte Studienpläne vor, die den Ablauf und die Prüfungsanforderungen regeln.

Studienplatztausch: Ein Studienplatztausch ist grundsätzlich nur dann möglich, wenn der tauschwillige Student an seiner Zieluniversität einen Partner gefunden hat, der im gleichen Studiengang und im gleichen Fachsemester eingeschrieben ist. Beide Bedingungen müssen gleichzeitig erfüllt werden. Interessenten können sich an organisierte Tauschbörsen wenden, die entsprechende Partner vermitteln oder Listen mit Tauschpartnern veröffentlichen. Die Adressen der Tauschbörsen liefert die zentrale Studienberatung. Ferner können an den meisten Universitäten Tauschpartner über einen Aushang am Schwarzen Brett gesucht werden.

Stundenplan: An der Universität muß jeder Studierende seinen Stundenplan selbst zusammenstellen. Dafür sind folgende Materialien nötig: allgemeines Vorlesungsverzeichnis*; kommentiertes Vorlesungsverzeichnis*; Prüfungsordnung*; Studienplan*. Dem Vorlesungsverzeichnis können die Termine und Orte der Veranstaltungen entnommen werden. Prüfungsordnung und Studienplan geben an, in welcher Reihenfolge Veranstaltungen besucht werden müssen, um die Studien- und Prüfungsleistungen zu erbringen.

Tutorium: Veranstaltungen, die von Studierenden höherer Fachsemester geleitet werden. In den Tutorien soll der Stoff aus den Vorlesungen und Übungen anhand praktischer Aufgaben und Beispiele eingeübt werden. Die Tutorien bieten den Vorteil kleiner Lerngruppen, die zu aktiver Mitarbeit anregen.

Übung: Die Übung dient der Vertiefung, Ergänzung und Anwendung der durch Vorlesungen und Fachliteraturstudium erworbenen Kenntnisse. Primäre Aufgaben der Übungen sind Entwicklung des Problembewußtseins des Studierenden, Anleitung zur Formulierung und Bearbeitung wissenschaftlicher Fragestellungen, Befähigung zur Begriffsbildung sowie Pflege der sachgemäßen Formulierung durch Referate, Hausarbeiten und Teilnahme an der Diskussion.

Verteilung, Verteilungskriterien: Die Verteilung auf die Studienorte ist die zweite Stufe des allgemeinen Auswahlverfahrens* bei der ZVS. Für die Verteilung sind nicht die persönlichen Auswahlkriterien (Durchschnittsnote oder Wartezeit) maßgeblich, sondern die Studienortwünsche, für die im Zulassungsantrag eine Auswahl nach Studienorten nach einer Prioritätenliste angegeben werden kann. Übersteigt die Zahl der zugelassenen Bewerber, die einen bestimmten Ort als Studienort erster Wahl genannt haben, die Zahl der dort verfügbaren Plätze, so wird eine Auswahl nach folgenden Verteilungskriterien getroffen: 1. Schwerbehinderte Bewerber; 2. Bewerber, die am Studienort oder in seiner Nähe mit ihrem Ehegatten und/oder mit ihren Kindern wohnen (Meldebescheinigung*); 3. Bewerber, deren Ortswunschantrag* oder deren Antrag auf Benennung durch die Hochschulen anerkannt werden konnte; 4. Bewerber, die am Studienort oder in seiner Nähe bei ihren Eltern oder Pflegeeltern wohnen (Meldebescheinigung*); 5. Alle übrigen Bewerber. Die Verteilungskriterien sollen damit auf besondere gesundheitliche Bedingungen und familiäre Kontakte Rücksicht nehmen.

Verteilungsverfahren: Das Verteilungsverfahren der ZVS garantiert jedem Studienbewerber einen Studienplatz. Die ZVS stellt hier lediglich sicher, daß sich die Studienanfänger gleichmäßig auf die Hochschulen verteilen. Dazu wird unter Berücksichtigung der Studienortwünsche eine Verteilung auf die Studienorte nach den Kriterien der Verteilung* vorgenommen.

Vorabquoten: In zulassungsbeschränkten Studiengängen werden von der verfügbaren Kapazität vorab für bestimmte Bewerbergruppen Studienplätze freigehalten: Ausländerzulassung* (deutschen Bewerbern nicht gleichgestellte Ausländer) – 4–5%; Zweitstudienbewerber* – 2–3%; Härtefälle* – 2% (genannt sind hier nur die wesentlichen Vorabquoten).

Vorlesung: Eine Vorlesung ist eine Vortragsreihe eines Hochschullehrers zu einem bestimmten Thema, die sich über das ganze Semester erstreckt. In der Regel nimmt der Vortrag den vollen Vorlesungszeitraum ein. Diskussionen über den Vorlesungsstoff erfolgen meist in den dazugehörigen Übungen.

Vorlesungsverzeichnis, allgemeines: Das Vorlesungsverzeichnis einer Universität enthält nicht nur die Aufstellung der Veranstaltungen der einzelnen Fakultäten* oder Fachbereiche*, sondern auch Angaben zu Universitätseinrichtungen, z.B. der allgemeinen Studienberatung und der Fachstudienberatung. An großen Universitäten wird das Personenverzeichnis, das die Angaben zu den Universitätseinrichtungen einschließlich der Forschungsinstitute enthält, gesondert herausgegeben.

Vorlesungsverzeichnis, kommentiertes: Von einigen Fakultäten* oder Fachbereichen* wird ein kommentiertes Vorlesungsverzeichnis herausgegeben, in dem Inhalte und Schwerpunkte der einzelnen Veranstaltungen näher erläutert werden. Es werden ferner Literaturhinweise zur Vorbereitung angegeben.

Wahlpflichtveranstaltungen: Bei Ankündigungen zu Veranstaltungen wird häufig unterschieden zwischen Pflichtveranstaltungen, d.h. Veranstaltungen mit direkter Prüfungsrelevanz, die der Studierende besuchen muß, und Wahlpflichtveranstaltungen. Aus dem Angebot von Wahlpflichtveranstaltungen eines Fachbereichs* oder einer Fakultät* wählt der Studierende nach Maßgabe des jeweiligen Studienplans* Veranstaltungen zur Schwerpunktbildung aus, in denen die durch eine Prüfungsordnung geforderten Kenntnisse vermittelt werden.

Wahlveranstaltungen: Bei Ankündigungen zu Veranstaltungen wird häufig unterschieden zwischen Pflichtveranstaltungen, d.h. Veranstaltungen mit direkter Prüfungsrelevanz, die der Studierende besuchen muß, Wahlpflichtveranstaltungen* und Wahlveranstaltungen. Aus dem Angebot von Wahlveranstaltungen eines Fachbereichs* oder einer Fakultät* wählt der Studierende zur Vertiefung des Lehrstoffes und zur Schwerpunktbildung nach Belieben entsprechende Veranstaltungen aus.

Wartezeit: Die Wartezeit errechnet sich nach der Zahl der Halbjahre*, die seit dem Erwerb der Hochschulzugangsberechtigung vergangen sind. Die Wartezeit kann aufgrund bestimmter Umstände verbessert werden (Wartezeitverbesserung*) oder sich reduzieren, wenn der Bewerber zwischenzeitlich eingeschrieben war (Parkstudium*).

Wartezeitverbesserung: Die Wartezeit* kann aufgrund bestimmter Umstände verbessert werden. Folgende Gründe für eine Wartezeitverbesserung sind hervorzuheben: Wenn der Bewerber vor Erwerb der Hochschulzugangsberechtigung* einen berufsqualifizierenden Abschluß gemacht hat, erhält er vier Wartehalbjahre zusätzlich angerechnet. Diese Regelung fördert die Bewerber über den zweiten Bildungsweg. Wer nach Erwerb der Hochschulzugangsberechtigung einen berufsqualifizierenden Abschluß gemacht hat, erhält ein Wartehalbjahr zusätzlich angerechnet. Diese Verbessserung der Wartezeit wird auch erreicht durch eine mindestens dreijährige Berufstätigkeit nach Erwerb der Hochschulzugangsberechtigung.

Wehrdienst: Bewerber, die bereits während ihrer Dienstzeit zugelassen worden sind, aber ihren Studienplatz nicht antreten konnten, können unter bestimmten Voraussetzungen unmittelbar nach Ende der Dienstzeit zugelassen werden. Dies setzt voraus, daß sich jeder Studienbewerber während seines Dienstes tatsächlich beworben und eine Zulassung erhalten hat. Um den Anspruch auf einen Studienplatz geltend zu machen, muß sich der Bewerber erneut nach Dienstende bei der ZVS oder der Hochschule bewerben. Der Anspruch verfällt, wenn nicht spätestens zum zweiten Bewerbungstermin nach Dienstende eine Bewerbung vorliegt.

Wiederbewerber: Als Wiederbewerber werden von der ZVS jene Bewerber bezeichnet, die im Auswahlverfahren bereits einmal oder mehrfach abgelehnt worden sind, und die die von der ZVS angebotenen Wiederbewerbungsmöglichkeiten nutzen.

Zimmervermittlung durch das Studentenwerk: Neben den Wohnheimen bieten die Studentenwerke auch eine Zimmervermittlung an. Hier werden kostenlos Zimmer und Wohnungen aus dem freien Wohnungsmarkt angeboten. In der Regel werden die Angebote zur Einsicht ausgelegt.

Zivildienst: Vergleiche Wehrdienst.

Zulassungsbescheid: Ist die Bewerbung um einen Studienplatz erfolgreich verlaufen, erhält der Bewerber einen Zulassungsbescheid. Darin wird ein Studienplatz zugewiesen. Ferner enthält der Zulassungsbescheid eine Erklärung über die Annahme des Studienplatzes und Angaben über die Frist der Immatrikulation. Die Fristen sind unbedingt zu beachten, da sonst der Anspruch auf den Studienplatz verlorengeht.

Zulassungszahl: Die Zulassungszahl gibt an, wieviele Studienbewerber in einem Studiengang an einer bestimmten Hochschule zu einem Termin aufgenommen werden. Die Zulassungszahl entspricht der Aufnahmekapazität*.

ZVS-Info: Das ZVS-Info enthält alle für eine Bewerbung bei der ZVS notwendigen

Anträge und Informationen. Es wird zu jedem Semester neu gedruckt und ist im März/April für das Wintersemester und im Oktober/November für das Sommersemester verfügbar. Ältere ZVS-Infos sollten nicht benutzt werden. Die ZVS-Infos liegen an Schulen sowie in den Stellen für die Studienberatung* oder die Berufsberatung aus.

Zweitstudienbewerber: Als Zweitstudienbewerber gelten alle Bewerber, die ein Studium an einer deutschen Hochschule einschließlich Fachhochschulen und Fachschulen für öffentliche Verwaltung erfolgreich abgeschlossen haben. Für Zweitstudienbewerber gilt ein besonderes Zulassungsverfahren. Für sie stehen nach den Vorabquoten* von den insgesamt zur Verfügung stehenden Studienplätzen 2 Prozent zur Verfügung. Ist die Zahl der Bewerber größer als die Zahl der Plätze, wird eine Auswahl vorgenommen. Allgemein werden bei der Auswahl folgende Kriterien berücksichtigt: zwingende berufliche Gründe, wissenschaftliche Gründe, besondere berufliche Gründe, sonstige berufliche Gründe. Der Bewerber muß diese Gründe gegenüber der Hochschule seiner Wahl darlegen.

Anhang II: Literaturhinweise

Auf den weiteren Seiten sind neuere Veröffentlichungen in meist kurz annotierter Form aufgelistet. Die Bücher und Artikel sind gezielt ausgewählt worden und eignen sich durchgängig für Schülerinnen und Schüler. Es werden keine Kenntnisse aus dem Studium vorausgesetzt. Die Literatur ist in vielen öffentlichen Bibliotheken vorhanden; besonders leicht ist die Literatur in den Berufsinformationszentren der Bundesanstalt für Arbeit zu finden. Auch zahlreiche Studienberatungen verfügen über eine kleine Informationsbibliothek.

Die Literaturhinweise sind nach folgenden Themen gegliedert:

1. Allgemeine Hilfen und Literatur zur Studien- und Berufswahl
2. Lernen, Lerntechniken, Prüfungsangst und Zeitmanagement
3. Hochschulorte in der Bundesrepublik Deutschland
4. Wartezeit zwischen Schule und Studienzeit
5. Integriertes Auslandsstudium
6. Studium im Ausland, Business Schools, MBA-Ausbildung
7. Studienführer Wirtschaftswissenschaften
8. Frauen in Hochschule und Studium
9. Ausgewählte Berufsfelder und Branchen

1. Allgemeine Hilfen und Literatur zur Studien- und Berufswahl

Bundesministerium für Bildung und Wissenschaft (Hrsg.): Studienorientierung und Studienvorbereitung für Grundwehrdienst- und Zivildienstleistende, Dokumentation einer Klausurtagung, Konzertierte Aktion Weiterbildung, Oldenburg: Wintermann Geschäftsdruck, 1993

Dittrich, H.: Berufe mit Zukunftschancen, München: Humboldt-Taschenbuchverlag Jacobi KG, 1989

Dresdner Bank: Abitur – und was dann? 1993/94, Remsock: Denzel + Partner, 1993

Finkenstaedt, T., Heldmann, W. (Hrsg.), Deutscher Hochschulverband: Studierfähigkeit konkret, Bad Honnef: K.H. Bock Verlag, 1989

Herrmann Dieter: Ich will studieren, Alles, was künftig Studierende wissen müssen, Frankfurt/M.: Verlag Eichborn, 1993

Institut der deutschen Wirtschaft: Studieren und was dann? Köln: Deutscher Instituts-Verlag, 1993
Jung, M., Mahler, R.: Studieren und (Über-)Leben, Fragt sich nur wie? München: Lexika-Verlag, 1989
Keesters, Paul-Heinz: Ökonomen verändern die Welt, 1/89, 4. Auflage, Hamburg: Goldmann Stern-Bücher im Verlag Gruner + Jahr
v. Landsberg, G.: Karriereführer Fachhochschulen, 3. Ausgabe II/1989, Köln: Wison Verlag
Nigmann, R.-R.: Abiturienten an Fachhochschulen, Hochschulplanung, Band 74, Hrsg.: HIS Hochschul-Informations-System GmbH, Hannover, 1989
Ostertag, Eckhard: Berufswahl – leichtgemacht, Hollfeld/Ofr.: Joachim Beyer Verlag, 1984
Winterstein, Axel: Abitur – was dann? Düsseldorf: ECON Taschenbuch Verlag, 1985
Zacharias, Gerhard: Wie finde ich meinen Studienplatz? Ein Führer durch das Labyrinth der Hochschulen, Zulassungsvoraussetzungen und Zulassungsverfahren, 2. erweiterte u. völlig überarbeitete Auflage, München: Lexika Verlag, 1992

2. Lernen, Lerntechniken, Prüfungsangst und Zeitmanagement

Atzinger, K. et al.: Prüfung? Kein Problem! 1. Auflage, Stuttgart: Factor-Verlag, 1988
Haynes, Marion E.: Persönliches Zeitmanagement, Wien: Verlag Ueberreuter, 1991
Hülshoff, Friedhelm, Kaldewey, Rüdiger: Mit Erfolg studieren, Studienorganisation und Arbeitstechniken, 3. neubearb. Auflage, München: Verlag C.H. Beck, 1993
Keller, G.: Studiertechniken, Lern- und Arbeitstechniken für Studierende, 3. durchg. Aufl., Bad Honnef: Bock Verlag, 1986
Koederm Kurt W.: Studienmethodik, Leitfaden für effizientes Studium, München: Verlag Vahlen, 1990
Kruse, Otto: Keine Angst vor dem leeren Blatt, Reihe Campus Studium, Band 1074, 2. Auflage, Frankfurt/M.: Campus Verlag, 1994
Kunz, A.: Der Weg zum erfolgreichen Studium, Heidelberg: R.v. Decker's Verlag, G. Schenk, 1986
Lausmann, F.: Unabhängig denken, Weil d. Stadt: Lexika Verlag, 1983
Mandel, Steve: Präsentationen erfolgreich gestalten, Wien: Verlag Ueberreuter, 1991
Metzig, W., Schuster, M.: Lernen zu lernen, Lernstrategien wirkungsvoll einsetzen, 2. überarb. u. ergänzte Aufl., Berlin, Heidelberg: Springer-Verlag, 1993
Nix, U.H.: Studieren – aber gekonnt! Landsberg am Lech: mvg-verlag, 1987
Ruddies, G.H., Willi, E.: Denkzeichen, Denken sichtbar machen, München (i.e. Ismaning): Lexika Verlag, 1985
Theisen, R.: ABC des wissenschaftlichen Arbeitens, Erfolgreich in Schule, Studium und Beruf, München: Verlag C.H. Beck, Deutscher Taschenbuch Verlag

3. Hochschulorte in der Bundesrepublik Deutschland

Aachen: Kaiserstadt modern. in: abi Berufswahl-Magazin 1992, Nr. 3, S. 17
Aachen: Grenzgang zum Studium, in: abi 1985, Heft 3, S. 21
Augsburg: Schnelle Bayern, in: abi Berufswahl-Magazin 1993, Nr. 2, S. 17
Bamberg: Der Reiter schaut zu, in: abi Berufswahl-Magazin 1993, Nr. 8 – 9, S. 17
Bayreuth: Philosophie der Schnittstelle, in: abi Berufswahl-Magazin 1986, Nr. 9, S. 28
Berlin: Grenzenlos studieren, in: abi Berufswahl-Magazin 1992, Nr. 11, S. 13
Berlin (West): Metropole der Wissenschaft, in: abi Berufswahl-Magazin 1988, Nr. 4, S. 19
Bielefeld: Denkfabrik im Grünen, in: abi Berufswahl-Magazin 1991, Nr. 10, S. 25
Bochum: Lernfabrik im Kulturzentrum, in: abi Berufswahl-Magazin 1990, Nr. 6, S. 28
Bonn: Auch Hochburg der Wissenschaften, in: abi Berufswahl-Magazin 1990, Nr. 7 – 8, S. 28
Braunschweig: Löwenstark, in: abi Berufswahl-Magazin 1993, Nr. 12, S. 17
Bremen: Studieren an der Weser, in: abi Berufswahl-Magazin 1991, Nr. 1, S. 28
Chemnitz-Zwickau: Mehr als Technik, in: abi Berufswahl-Magazin 1993, Nr. 10, S. 21
Cottbus: Überschaubar bleiben, in: abi Berufswahl-Magazin 1993, Nr. 2, S. 35
Darmstadt: Residenz der Ingenieure, in: abi Berufswahl-Magazin 1994, Nr. 1, S. 17
Dortmund: Westfälische Spezialitäten, in: abi Berufswahl-Magazin 1991, Nr. 8 – 9, S. 31
Dresden: Kunst und Technik stark vertreten, in: abi Berufswahl-Magazin 1993, Nr. 1, S. 29
Düsseldorf: Wo einst Heinrich Heine sang, in: abi Berufswahl-Magazin 1993, Nr. 5, S. 27
Duisburg: Junge Universität mit Tradition, in: abi Berufswahl-Magazin 1992, Nr. 12, S. 19
Eichstätt: Katholische Uni im Naturpark, in: abi Berufswahl-Magazin 1992, Nr. 2, S. 15
Eichstätt: Schüler, Chr., Katholisch – ländlich – gut! in: UNI JOURNAL 1986, Nr. 2, S. 18
Erlangen-Nürnberg: Was das Studentenherz begehrt, in: abi Berufswahl-Magazin 1993, Nr. 6–7, S. 19
Essen: Zwei Magnete, in: abi Berufswahl-Magazin 1993, Nr. 11, S. 23
Frankfurt am Main: Groß und vielfältig, in: abi Berufswahl-Magazin 1992, Nr. 1, S. 15
Freiburg: Die Schwarzwald-Uni, in: abi Berufswahl-Magazin 1986, Heft 2, S. 24
Gießen: Hochschulpanorama Gießen, Liebigs Spuren, in: abi Berufswahl-Magazin 1986, Nr. 6, S. 20

Göttingen: Tradition und Moderne, in: abi Berufswahl Magazin 1989, Nr. 5, S. 22
Greifswald: Neue Strukturen, in: abi Berufswahl-Magazin 1992, Nr. 5, S. 15
Halle: Unverwechselbare Atmosphäre, in: abi Berufswahl-Magazin 1992, Nr. 6–7, S. 19
Hamburg: Eine frische Brise, in: abi Berufswahl-Magazin 1989, Nr. 10, S. 24
Hannover: Herz in der Nordstadt, in: abi Berufswahl-Magazin 1986, Nr. 4, S. 17
Heidelberg: Romantik und High-Tech, in: abi Berufswahl-Magazin 1988, Nr. 6, S. 24
Hildesheim: 100 000 Einwohner, 10 000 Studierende, in: abi Berufswahl-Magazin 1993, Nr. 3, S. 17
Jena: Aufbruch-Stimmung, in: abi Berufswahl-Magazin 1993, Nr. 4, S. 17
Kassel: Auf Reformkurs, in: abi Berufswahl-Magazin 1990, Nr. 12, S. 27
Kiel: Hoch am Wind, in: abi Berufswahl-Magazin 1992, Nr. 10, S. 33
Köln: Aus dem Vollen schöpfen, in: abi Berufswahl-Magazin 1994, Nr. 4, S. 23
Konstanz: Bildungsregatta, in: abi Berufswahl-Magazin 1994, Nr. 2, S. 25
Leipzig: Alte Uni mit neuen Angeboten, in: abi Berufswahl-Magazin 1991, Nr. 11, S. 19
Magdeburg: Liebe auf den zweiten Blick, in: abi Berufswahl-Magazin 1994, Nr. 3, S. 25
Mainz: Studium auf breiter Basis, in: abi Berufswahl-Magazin 1990, Nr. 2, S. 26
Mannheim: Studieren im Quadrat, in: abi Berufswahl-Magazin 1988, Nr. 7–8, S. 24
Marburg: Drehscheibe Uni Marburg, in: abi Berufswahl-Magazin 1989, Nr. 1, S. 26
München: Moloch oder akademischer Himmel? in: abi Berufswahl-Magazin 1988, Nr. 5, S. 24
Münster: Ein Riese in der City, in: abi Berufswahl-Magazin 1988, Nr. 12, S. 26
Oldenburg: Hochschulpanorama Oldenburg, Jung und Schön, in: abi Berufswahl-Magazin 1986, Nr. 11, S. 28
Passau: Jung und weltgewandt, in: abi Berufswahl-Magazin 1990, Nr. 4, S. 20
Rostock: Bewegung an der Ostsee, in: abi Berufswahl-Magazin 1991, Nr. 5, S. 8
Saarbrücken: Kennzeichen »E«, in: abi Berufswahl-Magazin 1989, Nr. 6, S. 28
Siegen: Eine Stadt – Eine Hochschule, in: abi Berufswahl-Magazin 1985, Heft 7–8, S. 17
Stuttgart: Groß im »Ländle«, in: abi Berufswahl-Magazin 1990, Nr. 11, S. 28
Stuttgart: Bei »Schaffern und Häuslebauern«, in: abi Berufswahl-Magazin 1984, Nr. 11, S. 27
Trier: Auf Europa ausgerichtet, in: abi Berufswahl-Magazin 1992, Nr. 8–9, S. 23
Tübingen: Idylle mit High-Tech, in: abi Berufswahl-Magazin 1991, Nr. 3, S. 12
Ulm: In Ulm, um Ulm, in: abi Berufswahl-Magazin 1992, Nr. 4, S. 15
Würzburg: Geisteswissenschaften dominieren noch, in: abi Berufswahl-Magazin 1991, Nr. 12, S. 33
Wuppertal: Kroemer, M., Bildung im Bergischen, in: abi Berufswahl-Magazin 1988, Nr. 2, S. 28

4. Wartezeit zwischen Schule und Studienzeit

Übersicht

Ideen für die große Pause, in: abi Berufswahl-Magazin 1988, Nr. 3, S. 27
Ferien, die sich auszahlen, Serie: Überbrückungsmöglichkeiten (I), in: abi Berufswahl-Magazin 1992, Nr. 6–7, S. 26
Zeit für Pläne, in: abi Berufswahl-Magazin 1990, Nr. 2, S. 13

Latein-, Griechischkurs

ALEA IACTA EST, Serie: Überbrückungsmöglichkeiten (II), in: abi Berufswahl-Magazin 1992, Nr. 8–9, S. 38

Au pair

Sprachkenntnisse und mehr, Serie: Überbrückungsmöglichkeiten (III), in: abi Berufswahl-Magazin 1992, Nr. 11, S. 36

Freiwilliges Soziales Jahr

Zeit der Erkenntnisse, in: abi Berufswahl-Magazin 1989, Nr. 7–8, S. 22

Fernstudium/Vorstudium

Zum Beispiel: Fernstudium und Vorstudium, in: abi Berufswahl-Magazin 1990, Nr. 1, S. 19

Freiwilliges Ökologisches Jahr

Fürs Leben lernen, in: abi Berufswahl-Magazin 1991, Nr. 11, S. 38

5. Integriertes Auslandsstudium

Übersicht

Demmer, Christine: Euromanager mit dem Doppeldiplom, in Deutsche Universitäts-Zeitung 1990, Nr. 18, S. 18
Helmer W.: Grenzüberschreitendes Studieren – ein noch weitgehend unerschlossenes Terrain, aus: Frankfurter Allgemeine Zeitung vom 19.3.1988
Multinational, in: abi Berufswahl-Magazin 1987, Nr. 7–8, S. 10

Reise ohne Risiko, in: UNI Berufswahl-Magazin 1988, Nr. 3, S. 28
Der Weg ins internationale Management, in: abi Berufswahl-Magazin 1989, Nr. 9, S. 6

Integriertes Auslandsstudium an einzelnen Universitäten

Deutsch-niederländischer Studiengang »International Business« an der FH Dortmund, in: ibv Informationen für die Beratungs- u. Vermittlungsdienste der Bundesanstalt für Arbeit 1991, Nr. 3, S. 155
Doppeltes Diplom (Universität Frankfurt), in: abi Berufswahl-Magazin 1990, Nr. 11, S. 4
European Business Studies (EB), Fachhochschule Osnabrück, in: ibv Informationen für die Beratungs- und Vermittlungsdienste der Bundesanstalt für Arbeit 1993, Nr. 16, S. 1151
Betriebswirtschaft europäisch, FH Regensburg, in: abi Berufswahl-Magazin 1991, Nr. 8 – 9, S. 5
FH Reutlingen (T+W): Satzung über die Eignungsprüfung und das Zulassungsverfahren in den Europäischen Studiengängen für Betriebswirtschaft, Stand: 12/1987, in: LEU – Informationsdienst für Studienberater 1988, Nr. 1, S. 8

6. Studium im Ausland, Business Schools, MBA-Ausbildung

Brodach, H.G., Kreklau, C., Oehm-P., Chr.: Wege ins Ausland, 7. neubearb. Auflage, Köln: Weltforum Verlag, 1993
British Council, How to Live in Britain 1988, London/Basingstoke: Macmillan Publishers Ltd., 1988
Giesen, B., de Menezes, N., Trommer, H.D.: Europäische Studiengänge u. MBA-Programme in Europa, 4. Aufl., Köln: Verlag J.E. Staufenbiel, Institut für Berufs- und Ausbildungsplanung, 1993
Hendel, A., Linn, S., Schlegelmilch, B., Vestring, T.: Die besten Business Schools in USA, Frankfurt/M., New York: Campus Verlag, 1989
Kommission der Europäischen Gemeinschaften, Studentenhandbuch, Studieren in Europa, Das Hochschulwesen in der Europäischen Gemeinschaft, 6. Ausgabe, Köln: Bundesanzeiger, 1990
Littmann, U.: Studienführer Vereinigte Staaten von Amerika, erw. u. überarb. Neuauflage, Hrsg.: Deutscher Akademischer Austauschdienst, Bonn: Köln Druck & Verlag, 1992
Ministerium für Wissenschaft und Kunst: Studium im Ausland, Stand: 1. August 1989, 6. Auflage, Stuttgart: Eugen Heimz Druck- u. Verlagsgesellschaft
Nußbickel, J., Giesen, B., Oberlack-Balmert, B.: MBA-Studium und Business Schools in den USA, 5. Auflage, Köln: Verlag J. E. Staufenbiel, 1991
Rotterdam School of Management, Interfaculteit Bedrijfskunde, Erasmus Universität Rotterdam, International MBA Program in General Management 1987 – 1989, Erasmus Universität: 1986

Wussow, B., Wussow, J.: MBA Master of Business Administration Programme in den Vereinigten Staaten von Amerika, RES OECONOMICA Dokumentation, Nürnberg: B. u. J. Wussow Verlag, 1988

7. Studienführer Wirtschaftswissenschaften

Augenstein, H., Mellin-Lieber, V.: Studienführer, Wirtschaftswissenschaften, 3. völlig überarb. u. erw. Auflage, München: Lexika Verlag, 1993

Bartels, J.: Absolventen des Fachbereichs Wirtschaftswissenschaften, Ergebnisse einer Repräsentativbefragung, Fernuniversität – Gesamthochschule – in Hagen, Zentrum für Fernstudienentwicklung, Juni 1993

Bundesverband Deutscher Volks- u. Betriebswirte e.V.: bdvb-Studienführer, Wirtschaftswissenschaftliche Fakultäten, 1990

KARRIERE-Redaktion und Deutsches Komitee der AIESEC: Wirtschaftswissenschaftliche Fakultäten in der Bundesrepublik Deutschland, Düsseldorf: Verlagsgruppe Handelsblatt, 1989

Konegen-Grenier, Chr., List, J.: Die Anforderungen der Wirtschaft an das BWL-Studium, Beiträge zur Gesellschafts- und Bildungspolitik, 188, Köln: Deutscher Instituts-Verlag, 1993

Minks, K.-H.: Absolventenreport Wirtschaftswissenschaften, Reihe: Bildung-Wissenschaft-Aktuell 6/92, Hrsg.: Bundesminister für Bildung u. Wissenschaft, 1992

Müllender, B.: Studium der Wirtschaftswissenschaften, Tips für das erfolgreiche Studium, 3. überarb. Auflage, Köln: Hayit Verlag GmbH, 1987

Staufenbiel, J. E.: Berufsplanung für den Management-Nachwuchs, Start 93/94, 14. Auflage, Köln: Verlag Staufenbiel, Institut für Berufs- u. Ausbildungsplanung

Staufenbiel, J. E., Ferring, K.: Die Wirtschaftswissenschaftlichen Fakultäten, 8. Auflage, Köln, 1993

Weber, W., Kolb, M.: Einführung in das Studium der Betriebswirtschaftslehre, Sammlung Poeschel, Stuttgart: C.E. Poeschel Verlag 1977, 166 S.

8. Frauen in Hochschule und Studium

Bundesminister für Bildung und Wissenschaft: Chancen, Neue Bildungsmodelle für Frauen, Druck: Warlich, Neckenheim, 1986

Bundesminister für Bildung und Wissenschaft: Frauen in technischen Berufen, Dokumentation einer Fachtagung, Schriftenreihe: Studien zu Bildung und Wissenschaft, 73, Bad Honnef: Verlag K. H. Bock 1989

Forum Verlag (Hrsg.): Chancen für Frauen, St. Gallen

Jäckel, K.: 1000 Tips für Frauen im Beruf, Moewig Band Nr. 3208, Rastatt: Moewig Taschenbuchverlag 1986

Katz, H., Wieland, V.: Uni-Knigge für Frauen, Frankfurt/M.: Campus Verlag, 1993

Pörner, G.: Karriereplanung für Frauen, München: Wilhelm Heyne Verlag, 1992

Technische Universität Berlin (TU): Ziel Ingenieurin, Universitätsdruckerei der TU Berlin, 1989

Wermuth, N.: Frauen an Hochschulen, Statistische Daten zu den Karrierechancen, Schriftenreihe: Studien zu Bildung und Wissenschaft, 185, Hrsg.: Bundesminister für Bildung und Wissenschaft, Bad Honnef: Verlag K.H. Bock, 1992

Zentraleinrichtung Studienberatung und Psychologische Beratung, Zentraleinrichtung zur Förderung von Frauenstudien und Frauenforschung, Freie Universität Berlin, (Hrsg.): UniKunde, Handbuch für Studentinnen, Druck: Zentrale Universitätsdruckerei der Freien Universität Berlin, 1993

Zuber-Knost, Elisabeth: Studieren mit Kindern, forum 2, Universität Karlsruhe (TH), 1991

9. Ausgewählte Berufsfelder und Branchen

Bundesministerium für Wirtschaft: Akademische Berufe im EG-Binnenmarkt, Bonn: Februar 1991

Assistent des Geschäftsführers

Schmale Pfade für kommende Chefs, in: UNI Perspektiven für Beruf und Arbeitsmarkt 1993, Nr. 16, S. 22

Bank

Praktisch alles drin, in: abi Berufswahl-Magazin 1994, Nr. 3, S. 36

Börse

Aktien und Optionen, in: abi Berufswahl-Magazin 1993, Nr. 6–7, S. 10

Computer

Weichler, K.: Arbeitsfeld Computer, Reinbek bei Hamburg: Rowohlt Taschenbuch Verlag, 1987

Consulting

Up or out, in: UNI Berufswahl-Magazin 1991, Nr. 2, S. 21

Controlling

Lotse im Unternehmen, in: UNI Perspektiven für Beruf und Arbeitsmarkt 1992, Nr. 9, S. 55

Zimmer, H.: Controlling als Instrument zur Neuerung, Navigator statt Kontrolleur, in: ibv Informationen für die Beratungs- u. Vermittlungsdienste der Bundesanstalt für Arbeit 1993, Nr. 4, S. 211

Einzelhandel

Lust am Verkaufen, in: UNI Perspektiven für Beruf und Arbeitsmarkt 1993, Nr. 16, S. 10

Energiewirtschaft

Global denken, in: UNI Perspektiven für Beruf und Arbeitsmarkt 1990, Nr. 11, S. 16

Ernährungsindustrie

Mit Qualitätsprodukten Nischen finden, in: UNI Perspektiven für Beruf und Arbeitsmarkt 1991, Nr. 5, S. 9

Euromanager

»Die Sommeruniversität ist schon ein Einstieg«, in: UNI Perspektiven für Beruf und Arbeitsmarkt 1991, Nr. 5, S. 54

Europäische Gemeinschaft

Beamter/Beamtin bei der EG: Leitfaden für Bewerber für das Auswahlverfahren der Kommission, in: ibv Informationen für die Beratungs- u. Vermittlungsdienste der Bundesanstalt für Arbeit 1992, Nr. 8, S. 471

Schuchart, S.: Karriere in der EG: Universelle Fachleute gefragt, in: ibv Informationen für die Beratungs- u. Vermittlungsdienste der Bundesanstalt für Arbeit 1990, Nr. 36, S. 1507

Freizeit

Müller, L. A., Meichler, K.: Arbeitsfeld Freizeit, Reinbek b. Hamburg: Rowohlt Taschenbuch Verlag, 1990

Handelsvermittlung

Meyerhöfer, W.: Handelsvermittlung – Porträt eines klassischen Dienstleistungsbereichs, in: ibv Informationen für die Beratungs- u. Vermittlungsdienste der Bundesanstalt für Arbeit 1991, Nr. 25, S. 1107

Hochschule

Special »Prof werden«: in UNI Perspektiven für Beruf und Arbeitsmarkt 1992, Nr. 7, S. 41

Plander, H.: Arbeitsplatz Hochschule, GEW-Beiträge zum Wissenschaftsrecht, Band 4, Freiburg i.Br.: Dreisen-Verlag, 1986

Japanische Unternehmen

Wo »Nein« ein Fremdwort ist, in: UNI Perspektiven für Beruf u. Arbeitsmarkt 1994, Nr. 2, S. 11

Kreditwirtschaft

Scheine zählen, in: UNI Perspektiven für Beruf und Arbeitsmarkt 1993, Nr. 18, S. 11

Leasing

Mit noch mehr Service Wachstum sichern, in: UNI Perspektiven für Beruf u. Arbeitsmarkt 1992, Nr. 12, S. 44

Marketing

Absatz-Denken: in: UNI Perspektiven für Beruf und Arbeitsmarkt 1990, Nr. 3, S. 26

Schlaggenberg, C.: Jeden Tag die Bratkartoffeln neu erfinden, Karrieren in Marketing und Werbung/Der Creativ-Direktor, in: Allgemeiner Hochschulanzeiger Nr. 11/91, S. 26

Marktforschungsinstitute

Im Branchenkontext, in: UNI Perspektiven für Beruf und Arbeitsmarkt 1992, Nr. 12, S. 42

Medien

Weichler, K.: Arbeitsfeld Medien, Reinbek b. Hamburg: Rowohlt Taschenbuch Verlag, 1988

Waldmann, W.: Berufsstart in den Medien, Ausbildung–Chancen–Karriere, Weinheim, Basel: Beltz Quadriga, 1991

Öffentlicher Dienst

Schelo, P.: Chancen im öffentlichen Dienst für Hochschul- und Fachhochschulabsolventen, 2. überarb. u. erw. Auflage, St. Gallen: DSV Studenten Verlag GmbH, 1993

Schelo P.: Beamter des höheren nichttechnischen Dienstes des Bundes, Zusammenstellung der Laufbahnen und Bewerbungsanschriften, in: ibv Informationen für die Beratungs- u. Vermittlungsdienste der Bundesanstalt für Arbeit, 1990, Nr. 27, S. 1089

Start im öffentlichen Dienst, in: abi Berufswahl-Magazin 1992, Nr. 12, S. 26

Wolkenkratzer statt Elfenbeinturm: in: UNI Perspektiven für Beruf und Arbeitsmarkt 1990, Nr. 10, S. 6

Personalwirtschaft

Interdisziplinäres Arbeitsfeld, in: UNI Perspektiven für Beruf und Arbeitsmarkt 1993, Nr. 16, S. 33

Public Relations (PR)

Karriere-Information: Public Relations (PR), Hrsg.: GPRA – Gesellschaft Publik Relations Agenturen e.V., Bonn 1990, in: ibv Informationen für die Beratungs- u. Vermittlungsdienste der Bundesanstalt für Arbeit 1990, Nr. 39, S. 1647

Recht

Weichler, K.: Arbeitsfeld Recht, Reinbek b. Hamburg: Rowohlt Taschenbuch Verlag, 1988

Steuerberater

Gilgen, H.-G.: Der Beruf des Steuerberaters, 4. völlig neubearb. Auflage, Herne/Berlin: Verlag Neue Wirtschafts-Briefe, 1993

Tourismus

Kleine Herberge, in: UNI Perspektiven für Beruf u. Arbeitsmarkt 1993, Nr. 19, S. 14
Teilnehmerzahl begrenzt, in: UNI Perspektiven für Beruf und Arbeitsmarkt 1991, Nr. 1, S. 8

Transportgewerbe

Die Signale stehen auf Wandel, in: UNI Berufswahl-Magazin 1990, Nr. 2, S. 8

Verkauf

Geschäfte machen, in: UNI Perspektiven für Beruf u. Arbeitsmarkt 1992, Nr. 10, S. 43

Versicherungswirtschaft

Zukunftsmusik, in: UNI Perspektiven für Beruf u. Arbeitsmarkt 1993, Nr. 17, S. 12

Werbung

Weeser-Krell, Lothar M.: Das Arbeitsfeld Werbung, Berufe–Ausbildung–Einsatz, 2. veränd. Auflage, Europäische Hochschulschriften: Reihe 5, Volks- u. Betriebswirtschaft, Bd. 817, Frankfurt/M.: Verlag Peter Lang, 1991
Zentralverband der deutschen Werbewirtschaft (ZAW): Studium Werbung 1991 – 1992, Bonn: edition ZAW, 1991
Traumjobs ..., in: abi Berufswahl-Magazin 1994, Nr. 4, S. 32
Alle an einem Strang, in: abi Berufswahl-Magazin 1990, Nr. 3, S. 26
Die Trommel wird vielstimmig, Branchenreport Wirtschaft, in: UNI Perspektiven für Beruf u. Arbeitsmarkt 1992, Nr. 11, S. 14

Wirtschaftsprüfer

Schedibauer, H.: Wirtschaftsprüfer – Berufsbild und Ausbildung, in: ibv Informationen für die Beratungs- u. Vermittlungsdienste der Bundesanstalt für Arbeit 1991, Nr. 48, S. 2329
Neue Aufgaben durch Globalisierung: Die Zukunft der Wirtschaftsprüfer, in: UNI Perspektiven für Beruf und Arbeitsmarkt 1993, Nr. 14, S. 26